චතුරාර්ය සත්‍යාවබෝධයට ධර්ම දේශනා....

ස්වර්ණමාලී මහා සෑ
වන්දනාව

පූජ්‍ය කිරිබත්ගොඩ ඤාණානන්ද ස්වාමීන් වහන්සේ

චතුරාර්ය සත්‍යාවබෝධයට ධර්ම දේශනා....

ස්වර්ණමාලී මහා සෑ වන්දනාව

පූජ්‍ය කිරිබත්ගොඩ ඤාණානන්ද ස්වාමීන් වහන්සේ

© සියලුම හිමිකම් ඇවිරිණි.

ISBN : 978-955-061-429-5

ප්‍රථම මුද්‍රණය : ශ්‍රී බු.ව. 2555 ක් වූ වෙසක් මස පුන් පොහෝ දින
දෙවන මුද්‍රණය : ශ්‍රී බු.ව. 2556 ක් වූ පොසොන් මස පුන් පොහෝ දින
තෙවන මුද්‍රණය : ශ්‍රී බු.ව. 2556 ක් වූ බිනර මස පුන් පොහෝ දින

- සම්පාදනය -

මහමෙව්නාව භාවනා අසපුව
වඩුවාව, යටිගල්ඔළුව, පොල්ගහවෙල.
දුර : 037 2244602
info@mahamevnawa.lk | www.mahamevnawa.lk

- පරිගණක අකුරු සැකසුම, පිටකවර නිර්මාණය සහ ප්‍රකාශනය -

මහාමේඝ ප්‍රකාශකයෝ
වඩුවාව, යටිගල්ඔළුව, පොල්ගහවෙල.
දුර : 037 2053300, 0773216685
mahameghapublishers@gmail.com | www.mahameghapublishers.com

- මුද්‍රණය -

ලීඩ්ස් ග්‍රැෆික්ස් (පුද්.) සමාගම,
අංක 356 E, පන්නිපිටිය පාර, තලවතුගොඩ.

චතුරාර්ය සත්‍යාවබෝධයට ධර්ම දේශනා....

ස්වර්ණමාලී මහා සෑ වන්දනාව

පූජ්‍ය කිරිබත්ගොඩ ඤාණානන්ද ස්වාමීන් වහන්සේ

මහාමේඝ
MAHAMEGHA

ප්‍රකාශනයකි

පෙළගැස්ම....

"දසබලසේලප්පභවා නිබ්බානමහාසමුද්දපරියන්තා
අට්ඨංග මග්ගසලිලා ජිනවචනනදී චිරං වහතූති"

දසබලයන් වහන්සේ නමැති ශෛලමය පර්වතයෙන් පැන නැගී
අමා මහා නිවන නම් වූ මහා සාගරය අවසන් කොට ඇති
ආර්ය අෂ්ටාංගික මාර්ගය නම් වූ සිහිල් දිය දහරින් හෙබි
උතුම් ශ්‍රී මුඛ බුද්ධ වචන ගංගාව
(ලෝ සතුන්ගේ සසර දුක නිවාලමින්)
බොහෝ කල් ගලාබස්නා සේක්වා!

(සළායතන සංයුත්තය - උද්දාන ගාථා)

නමෝ තස්ස භගවතෝ අරහතෝ සම්මාසම්බුද්ධස්ස
ඒ භාග්‍යවත් අරහත් සම්මා සම්බුදුරජාණන් වහන්සේට නමස්කාර වේවා!

01.
අපි මහා සෑය වන්දනා කරමු

01. සාදු! සාදු! බුදුරුවන වදින්ටයි
සාදු! සාදු! සදහම් නමදින්ටයි
සාදු! සාදු! සඟරුවන වදින්ටයි
සාදු! සාදු! තෙරුවන් නමදින්ටයි

02. ගෞතම මුනිඳුගෙ සරණ ලැබෙන්ටයි
සම්බුදු බණ පද මට සිහි වෙන්ටයි
ලොව්තුරු සඟ ගුණ සිහි කරගන්ටයි
ගෞතම සසුනේ පිහිට ලබන්ටයි

03. වඳිමි වඳිමි බුදු සමිඳුන් වඳිමි
වඳිමි වඳිමි සිරි සදහම් වඳිමි
වඳිමි වඳිමි සඟ රුවන ද වඳිමි
වඳිමි වඳිමි මම තෙරුවන් වඳිමි

සාදු ! සාදු ! සාදු !

පරම පූජනීය මහා සංඝරත්නයෙන් අවසරයි.
ශ්‍රද්ධාවන්ත පින්වත්නි,

අද ශ්‍රී බුද්ධ වර්ෂ 2551 ක් වූ නවම් මස දෙවෙනි දින අපගේ ශාස්තෲ වූ ඒ භාග්‍යවත් අරහත් සම්මා සම්බුදුරජාණන් වහන්සේගේ ද්‍රෝණයක් ධාතූන් වහන්සේලා වැඩසිටින ස්වර්ණමාලී මහා ස්ථූප වන්දනාවට සූදානම් වෙන මොහොතයි.

මේ පින්කම දූන් ආරම්භ කරලා හෙට උදේ හය දක්වා සර්ව රාත්‍රික ස්ථූප වන්දනාවක් අපි මේ ආරම්භ කළේ. මේ ස්ථූප වන්දනාවේ සුන්දරත්වය ආශ්චර්යයි. පේසා වළලු සරසල තියෙනවා, පුන්කලස් දාහක් සරසලා තියෙනවා, නෙළුම් මහනෙල් පුරවල. ලක්ෂ පහකට අධික දාස්පෙතියා මල් වලින් මල් සැරසිල්ලක් කරලා තියෙනවා. බෞද්ධ ධජ පළන්දා තියෙනවා. ඊයේ රාත්‍රියේ මේ මහ මළුව සුවඳ විළවුන් පැන් වලින් සම්පූර්ණයෙන්ම දෝවනය කළා. ඒ බුදුරජාණන් වහන්සේගේ අනන්ත ගුණ සිහිකරගෙ නයි මේ පින්කම සිදුකරන්නේ.

හෙට හිමිදිරි උදෑසන බුදුරජාණන් වහන්සේ ප්‍රමුඛ රහතන් වහන්සේලා පන්සිය නමකට කිරිපිඬු පාත්‍රා පන්සියයක් පූජා කොට මේ පින්කම අපි සමාප්ත කරන්නේ.

ගෞතම බුදුරජාණන් වහන්සේගේ ධාතූන් වහන්සේලා දුටුගැමුණු රජතුමා තමන්ගේ අතට ගෙන ඒ ධාතූන් වහන්සේලා හිස මත තබාගත් වේලෙහි දුටුගැමුණු රජතුමා අධිෂ්ඨානයක් කළා මේ බුද්ධ ශාසනය මේ රටේ බොහෝ කල් පවතිනවා නම්, එය මට පෙන්නුම්

කරන්න කියලා. ඒ වෙලාවේ ඒ කරඬුවේ තැන්පත් වෙලා වැඩසිටි ද්‍රෝණයක් ධාතූන් වහන්සේලා අහසට පැන නැඟිලා මේ භූමියේදී අපගේ ශාස්තෘන් වහන්සේගේ, ගෞතම බුදුරජාණන් වහන්සේගේ ජීවමාන බුද්ධ කාය එතන මැවුණා. ඒ බුදුරජාණන් වහන්සේගේ යමක මහා ප්‍රතිහාර්යය මේ භූමියේදී සිද්ධ වුණා. දුටුගැමුණු රජතුමා ප්‍රධාන රහතන් වහන්සේලා සියලු දෙනා, ලක්ෂ සංඛ්‍යාත පිරිස සාදු නාදය දෙමින් බලා සිටියා.

මේ භූමියේදී පියදස්සී රහතන් වහන්සේ ධර්ම දේශනා කරද්දී දස දහස් ගණනින් මාර්ගඵල ලැබුවා. සෝවාන් වුණා, සකදාගාමී වුණා, අනාගාමී වුණා. භික්ෂූන් වහන්සේලා දාහතර දහසක් මේ මළුවේදී අරහත්වයට පත්වුණා. භික්ෂුණීන් වහන්සේලා දහස් ගණනින් අරහත්භාවයට පත්වුණා.

දුටුගැමුණු රජතුමා ඒ ධාතූන් වහන්සේලාට අත තබා අධිෂ්ඨාන කළා මේ ස්ථූප රාජයාගේ ආශිර්වාදය ලොවට ලැබෙනවා නම්, බුදුරජාණන් වහන්සේ පිරිනිවන් පා වදාළ ඉරියව්වෙන් මේ ධාතූන් වහන්සේලා වැඩසිටින සේක්වා කියලා. ඒ මොහොතේදී මේ ස්වර්ණමාලී මහා චෛත්‍යරාජයාණන් වහන්සේගේ ධාතු ගර්භයේ තනවලා තිබුණා රත්තරනින් සාල වෘක්ෂ දෙකක්. මැණික් වලින් සල් මල්. පිරිනිවන් මඤ්චකයේ රනින් කළ යහනාවක් තනවලා තිබුණා. ඒ ධාතූන් වහන්සේලා ඉර්ධි බලයෙන්, බුදුරජාණන් වහන්සේ පිරිනිවන්පානා ඉරියව්වෙන් වැඩසිටියා. තවමත් මේ ස්ථූප රාජයන් වහන්සේ ඇතුලේ ද්‍රෝණයක් ධාතූන් වහන්සේලා බුදුරජාණන් වහන්සේ පිරිනිවන් පා වදාළ ඉරියව්වෙන්ම වැඩසිටිනවා.

ඉතින් පින්වත්නි, මේ මහා පෘථිවිය මත තිබෙන ආශ්චර්යවත් පරම පූජනීය වස්තූන් අතර අග්‍ර වූ පූජනීය වස්තුව මේ අනුරාධපුර භූමියේ තිබෙනවා. උඩමළුවේ වැඩසිටිනවා ජීවමාන බුදුරජාණන් වහන්සේ බඳු ජය ශ්‍රී මහා බෝධීන් වහන්සේ. රුවන්වැලි මහා සෑයට උතුරුපසින් වැඩසිටිනවා බුදුරජාණන් වහන්සේගේ අකු ධාතුව වැඩසිටින ථූපාරාම චෛත්‍ය රාජයාණන් වහන්සේ. දකුණු පසින් ලෝවාමහාපායේ නටඹුන් තිබෙනවා. මේ වගේ පරම පූජනීය වස්තු අතර මේ මහා පෘථුවියේ ඉතාම උතුම් ස්ථූප රාජයා තමයි අපගේ ශාස්තෲන් වහන්සේගේ ද්‍රෝණයක් ධාතූන් වහන්සේලා වැඩසිටින ස්වර්ණමාලී මහා චෛත්‍යරාජයාණන් වහන්සේ.

මේ ස්වර්ණමාලී මහා චෛත්‍යරාජයාණන් වහන්සේ වන්දනා කිරීමට අපි සූදානම් වන මොහොත.

අහසෙ සිටින දෙව්වරුන් වඩින්ටයි...

04. අහසෙ සිටින දෙව්වරුන් වඩින්ටයි
මුහුදේ නා රජවරුන් වඩින්ටයි
සතර වරම් දෙව්පුතුන් වඩින්ටයි
සක් දෙවිඳුන් පින්කමට වඩින්ටයි

05. ස්වර්ණමාලි දෙව් දුවත් වඩින්ටයි
පන්සිළු දෙව්පුතු ගීත ගයන්ටයි
විස්කම් දෙව්පුතු පිනට වඩින්ටයි
පින් රැස්වෙන මහ සෑය වඳින්ටයි

06. ගෞතම මුනිඳුගෙ ධාතු වඩින්නේ
නිම්නැති පින් එල රැස් කරගන්නේ
මව් විලසට තුන් සරණ ලැබෙන්නේ
ගෞතම සසුනේ පිහිට ලැබෙන්නේ

07. ගැමුණු නිරිඳු කළ සෑය වඩින්නේ
අමුණු ගණන් මුතු මැණික් පුදන්නේ
පිරුණු සඳක් සේ සිසිල සදන්නේ
සාදු! සාදු! මහ සෑය වඩින්නේ

08. රන්කොත බබලන සෑය වඩින්නේ
රන්වන් රැස් අහසට විහිදෙන්නේ
රන් විමනක රන් බුබුලක් වැන්නේ
රන්මැලි සෑයෙන් රැස් විහිදෙන්නේ

09. සුදු රැස් ඇති කොත් කැරළි දිලෙනවා
සිළුමිණ මුදුනේ රැස් විහිදෙනවා
පළිඟු බුබුල සේ සෑය දිලෙනවා
සාදු! සාදු! මහ සෑය වඩිනවා

10. බුදු රැස් සිහිවෙන කොඩි පළඳන්නේ
සුදු සෑ වට ඒ කොඩි ද දිළෙන්නේ
සුදු මුදු බුදු ගුණ සිහියට එන්නේ
සාදු! සාදු! මහ සෑය වඩින්නේ

11. නා විමනෙන් කඩුපුල් ද ගෙනෙන්නේ
නා පිරිවර බුදු ගුණයි ගයන්නේ
නා මෙනවියො සොඳ සඳුන් පුදන්නේ
නා රජවරු මහ සෑය වඩින්නේ

12. රැව් දෙන වීණා හඬ පැතිරෙනවා
මල් වරුසා අහසින් වැගිරෙනවා
ගෞතම මුනිඳුගෙ ධාතු පුදනවා
දෙව්ලොව දෙවියන් සෑය වඩිනවා

13. නිතර සැපත දෙන සසුන දිලෙන්නේ
සතර අපායේ දොරටු වැසෙන්නේ
නතර නොවී පින් එල රැස් වන්නේ
සතර වරම් දෙව් සෑය වඩින්නේ

14. ලක් බුදු සසුනයි නිති සුරකින්නේ
සෙත් මඟ මතු කොට සැපත සදන්නේ
රැස්වෙන දෙව් පිරිසත් සමඟින්නේ
සක් දෙවිඳුන් මහ සෑය වඩින්නේ

15. මහසෑයට සේසත් පුදමින්නේ
මහමෙරටත් දුර සිට පැමිණෙන්නේ
මහ මුනි ගුණ කඳ සිහි කරමින්නේ
මහ බඹ පිරිස ද සෑය වඩින්නේ

16. දිස්වෙන රන් රස විලස දිලෙන්නේ
ලස්සන සෑ බඳ වට දිලිසෙන්නේ
රැස්වෙන පින නිති සිහි කරමින්නේ
විස්කම් දෙව් පුතු සෑය වඩින්නේ

17. තිස්සෙම බුදු ගුණ සිහි කරමින්නේ
මෙත් කරුණා ගුණ දරා සිටින්නේ
සස්න රකින්නට සිත යොදමින්නේ
විෂ්ණු දෙවිඳු මහ සෑය වඩින්නේ

18. කොත මුදුනේ සිට එළි විහිදෙන්නේ
සෑ බඳ වට රන් පහන් දිලෙන්නේ
පෝ දා පුන් සඳ ලෙස බබලන්නේ
ආලෝකෙන් මහ සෑය පුදන්නේ

19. පින් රැස් කෙරුමට අප සැම එන්නේ
රන්වැලි සෑ පැදකුණු කරමින්නේ
පුන් කුසුමින් නෙළුමින් සරසන්නේ
පුන් කළසින් මහ සෑය පුදන්නේ

20. මාස ගණන් සිට අපි සැරසෙනවා
වාසනාව අප ගේ මතු වෙනවා
මහන්සි නොබලා මලුත් නෙලනවා
දාස්පෙතිය මල් මාල පුදනවා

21. මිහිතලයට සිරි සැපත සදන්නේ
සීල සුවඳ මුනි ගුණ සිහි වෙන්නේ
වීතරාගි බුදු සමිඳු පුදන්නේ
සීතල පැන් සෑයටයි පුදන්නේ

19. සිහිලැල් පවනේ සිසිල දැනෙනවා
බිහිසුණු සසරින් එතෙරට යනවා
විහිදුනු සුවඳට සිත සැනසෙනවා
මිහිරි ගිලන්පස අපි පුද දෙනවා

20. රන්දා සිත කුසලේ බල ගන්ටයි
බන්දා අකුසල් බැහැර කරන්ටයි
නින්දා බස් හැම විට දුරු වෙන්ටයි
කැන්දාගෙන පින සැපත ලබන්ටයි

21. මිසදිටු බල පරදා ජය ගන්ටයි
දුසිල් පවිටු මිතුරන් නොලැබෙන්ටයි
රුපුන් නසන බුදු පිහිට ලැබෙන්ටයි
නිතින්ම අප මුනි සසුන රකෙන්ටයි

22. සිල් රකිනා සඟරුවන රකේවා
පිල් බෙදනා මිසදිටු දුරු වේවා
කල් නොයවා බුදු සසුන රකේවා
ගෞතම සසුනේ පිහිට ලැබේවා

සාදු! සාදු!! සාදු!!!

සාදු! සාදු! මම ගෞතම මුනිඳු සරණ යන්නේ

01. රාග ද්වේෂ මෝහ නො මැති - සිතකින් යුතුවන්නේ
සිල් සමාධි ගුණ නුවණැති - නිවන් සුවය දන්නේ
තුන් ලොව වැඳුමන් ලැබුමට - නිතියෙන් හිමිවන්නේ
'අරහං' යන ගුණයෙන් යුතු - බුදු හිමි නමදින්නේ
සාදු! සාදු! මම ගෞතම - මුනිඳු සරණ යන්නේ

02. ගුරු උපදෙස් කිසිවක් නැති - සෘජු ගමනකි යන්නේ
පෙරුම් පුරා ගෙන ආ බල - රැකවරණෙට එන්නේ
දස බල බුදු නුවණ ඇතිව - තුන් ලොව ජයගන්නේ
සම්මා සම්බුදු ගුණ යුතු - බුදු හිමි නමදින්නේ
සාදු! සාදු! මම ගෞතම - මුනිඳු සරණ යන්නේ

03. කෙලෙසුන් තොර නුවණ ඇතිව - පෙර භවයන් දන්නේ

ඉපදෙන මැරෙනා සසරේ - ඇති තතු වැටහෙන්නේ
හිරු සඳු ලෙස නුවණ ඇතිව - දහමේ හැසිරෙන්නේ
විජ්ජාචරණින් යුතු වූ - බුදු හිමි නමදින්නේ
සාදු! සාදු! මම ගෞතම - මුනිඳු සරණ යන්නේ

04. සුන්දර වූ නිවන් මඟෙහි - සොඳින් වැඩමවන්නේ
අමා නිවන් සුවය විඳින - සිතකින් යුතු වන්නේ
සිත කය වචනය හැම විට - සොඳුරුව පවතින්නේ
සුගත ගුණෙන් යුතු ගෞතම - මුනිඳුන් නමදින්නේ
සාදු! සාදු! මම ගෞතම - මුනිඳු සරණ යන්නේ

05. දෙව්ලොව බඹලොව මනුලොව - සතර අපා දන්නේ
කළ කම් පල දෙමින් සතුන් - ඒ ඒ තැන යන්නේ
ලොව උපදින ලොවින් මිදෙන - මඟ මැනවින් දන්නේ
ලෝකවිදූ ගුණයෙන් යුතු - බුදු හිමි නමදින්නේ
සාදු! සාදු! මම ගෞතම - මුනිඳු සරණ යන්නේ

06. මහා කාරුණික ගුණ ඇති - බුදු නෙත යොමු වන්නේ
දෙසනා විට සිරි සදහම් - ලොව දමනය වන්නේ
සසරේ සැරිසරන සතුන් - එයින් එතෙර වන්නේ
අනුත්තරෝ පුරිසදම්ම - සාරථී නම් වන්නේ
සාදු! සාදු! මම ගෞතම - මුනිඳු සරණ යන්නේ

07. දෙව්ලොව බඹලොව දෙවිවරු - බණ අසන්ට එන්නේ
මනුලොව නුවණැති මිනිසුන් - නිවන් මඟෙහි යන්නේ
දෙව් මිනිසුන්ගේ උත්තම - ගුරු දෙවිඳුන් වන්නේ
සත්ථා දේවමනුස්සානං - බුදු හිමි නමදින්නේ
සාදු! සාදු! මම ගෞතම - මුනිඳු සරණ යන්නේ

08. ලෝ සත විඳිනා දුක ගැන - පැහැදිලි කරමින්නේ
දුකෙන් මිදෙන නිවන් ලබන - මඟ ගැන පවසන්නේ
චතුරාර්ය සත්‍යය ගැන - අවබෝධය දෙන්නේ
බුද්ධ ගුණෙන් යුතු සම්බුදු - සමිඳුන් නමදින්නේ
සාදු! සාදු! මම ගෞතම - මුනිඳු සරණ යන්නේ

09. අප මුනිඳු ගෙ බුදු නුවණට - හිරු සඳු පරදින්නේ
සීල සමාහිත ගුණයට - ලොව ම වසඟ වන්නේ
දියෙන් උඩට විත් විහිදුන - පියුමක් විලසින්නේ
භගවා යන ගුණයෙන් යුතු - බුදු හිමි නමදින්නේ
සාදු! සාදු! මම ගෞතම - මුනිඳු සරණ යන්නේ
සාදු! සාදු! මම ගෞතම - මුනිඳු සරණ යන්නේ
සාදු! සාදු! මම ගෞතම - මුනිඳු සරණ යන්නේ

සාදු! සාදු!! සාදු!!!

සාදු! සාදු! මම ගෞතම බුදු බණ නමඳින්නේ

01. මුල මැද අග පිරිසිදු ලෙස - අරුතින් සරුවන්නේ
අවබෝධය ඇති කරවන - වචන හසුරුවන්නේ
මහා කාරුණික නුවණින් - සදහම් දෙසමින්නේ
අප මුනිඳුන් වදහළ බණ - ස්වාක්ඛාත වන්නේ
සාදු! සාදු! මම ගෞතම - බුදු බණ නමදින්නේ

02. පරලොව නොව මෙලොවදීම - දැකගත හැකිවන්නේ
අකුසල් දුරු කොට සිල් ගුණ - මතු කළ යුතුවන්නේ
කළණ මිතුරු ඇසුර ඇතිව - සදහම් අසමින්නේ

සන්දිට්ඨික වූ බුදු බණ - දැන ගත යුතු වන්නේ
සාදු! සාදු! මම ගෞතම - බුදු බණ නමදින්නේ

03. කල් නොයවා පිහිට ලැබෙන - ගුණයෙන් යුතුවන්නේ
මල් වරුසාවක් විලසට - ලොවට සතුට දෙන්නේ
සිල් සමාධි නුවණ වඩන - නිවනට යොමු වන්නේ
අකාලිකයි සම්බුදු බණ - සිත පහදා ගන්නේ
සාදු! සාදු! මම ගෞතම - බුදු බණ නමදින්නේ

04. රහසේ උපදෙස් පවසන - දෙයින් බැහැර වන්නේ
කාටත් පෙන්වා දිය හැකි - හිරු සඳු විලසින්නේ
ඒ සදහම් මතුවුන විට - මැනවින් දිලිසෙන්නේ
ඒහිපස්සිකයි බුදු බණ - සිත පහදා ගන්නේ
සාදු! සාදු! මම ගෞතම - බුදු බණ නමදින්නේ

05. බණ අසමින් සිත පහදා - එය පිළිපදිමින්නේ
දහමට විනයට අනුවම - හැසිරිය යුතු වන්නේ
තමා තුළම ඇති කරගෙන - සදහම් දකිමින්නේ
ඕපනයික වූ බුදු බණ - දැනගත යුතු වන්නේ
සාදු! සාදු! මම ගෞතම - බුදු බණ නමදින්නේ

06. නුවණැති අය බුදු බණ ගැන - සිත පහදා ගන්නේ
නුවණින් යුතුවම දහමේ - සතුටින් හැසිරෙන්නේ
තම තම නැණ පමණින් ඒ - සදහම් දකිමින්නේ
පච්චත්තං වේදිතබ්බ - විඤ්ඤූ බව දන්නේ
සාදු! සාදු! මම ගෞතම - බුදු බණ නමදින්නේ
සාදු! සාදු! මම ගෞතම - බුදු බණ නමදින්නේ
සාදු! සාදු! මම ගෞතම - බුදු බණ නමදින්නේ

සාදු! සාදු!! සාදු!!!

සාදු සාදු මම ගෞතම ශ්‍රාවක නමඳින්නේ

01. රාග ද්වේෂ මෝහ නසන - දහම් ඉගෙන ගන්නේ
දහමට විනයට අනුවම - බඹසර සුරකින්නේ
බුදු සසුනට ඇතුළු වෙලා - සිවුරු දරාගන්නේ
ඒ ශ්‍රාවක සඟරුවන ද - සුපටිපන්න වන්නේ
සාදු! සාදු! මම ගෞතම - ශ්‍රාවක නමදින්නේ

02. අන්ත දෙකම බැහැර කෙරුව - නිවන් මඟෙහි යන්නේ
සිල් සමාධි නුවණ සපිරි - අටඟින් යුතු වන්නේ
සසරින් එතෙරට ගෙන යන - සෘජු මඟ වඩිමින්නේ
උජුපටිපන්නයි සඟ ගණ - සිත පහදා ගන්නේ
සාදු! සාදු! මම ගෞතම - ශ්‍රාවක නමදින්නේ

03. අවිදු අඳුරු දුරුකරවන - විදසුන් වඩමින්නේ
චතුරාර්ය සත්‍යය වෙත - සිත යොමු කරමින්නේ
අවබෝධය සලසාලන - නිවන් මඟෙහි යන්නේ
ඤායපටිපන්නයි සඟ ගණ - නුවණින් බබලන්නේ
සාදු! සාදු! මම ගෞතම - ශ්‍රාවක නමදින්නේ

04. විහිළු තහළු ඕපදූප - බණකට නො කියන්නේ
ජීවිතයේ ඇති තතු ගැන - නිසි ලෙස පහදන්නේ
උතුම් නිවන් මඟ මතුවන - බුදු බණ දෙසමින්නේ
සාමීචිපටිපන්නයි සඟ ගණ - කළණ මිතුරු වන්නේ
සාදු! සාදු! මම ගෞතම - ශ්‍රාවක නමදින්නේ

05. මගඵල පියවර සතරකි - යුගල විලස ගන්නේ

වෙන් වෙන් වශයෙන් ගත් විට - අට දෙනෙක්ම වන්නේ
චතුරාර්ය සත්‍යය දුටු - ඒ ශ්‍රාවකයන්නේ
සරු පිළිවෙත නිසා ලොවේ - සසුන යි බබළන්නේ
සාදු! සාදු! මම ගෞතම - ශ්‍රාවක නමදින්නේ

06. දුර ගොස් දන් පිදිය යුතුය - ආහුණෙය්‍ය වන්නේ
ආගන්තුක දන් සුදුසු ය - පාහුණෙය්‍ය වන්නේ
පින් සලකා දීම හොඳ ය - දක්ඛිණෙය්‍ය වන්නේ
අංජලිකරණී ගුණයට - ගරු කළ යුතුවන්නේ
සාදු! සාදු! මම ගෞතම - ශ්‍රාවක නමදින්නේ

07. සිහිනුවණින් යුතුව සොඳින් - සිල් පද සුරකින්නේ
සසරේ උපදින දුක වෙත - යන්නට බිය වන්නේ
අට ලෝ දහමට නොසැලෙන - දහම කරා යන්නේ
ලොවට උතුම් පින්කෙත වූ - සඟ ගණ නමදින්නේ
සාදු! සාදු! මම ගෞතම - ශ්‍රාවක නමදින්නේ
සාදු! සාදු! මම ගෞතම - ශ්‍රාවක නමදින්නේ
සාදු! සාදු! මම ගෞතම - ශ්‍රාවක නමදින්නේ

සාදු! සාදු!! සාදු!!!

⚙ ⚙ ⚙

නමෝ තස්ස භගවතෝ අරහතෝ සම්මාසම්බුද්ධස්ස
ඒ භාග්‍යවත් අරහත් සම්මා සම්බුදුරජාණන් වහන්සේට නමස්කාර වේවා!

02.
ගෞතම සසුනේ පිළිසරණ ලබන්නට...

(ධර්ම දේශනයකි)

ශ්‍රද්ධාවන්ත පින්වත්නි,

අපි සියලු දෙනාම සංසාරේ අතරමං වෙලා ඉපදි ඉපදි මැරි මැරී යන අය. ගෞතම බුදුරජාණන් වහන්සේගේ ධර්මය තුළින් අපේ ජීවිත දිහා බලද්දී අපි සියලු දෙනාම සංසාරේ ඉපදි ඉපදී මැරි මැරී යන අය. කෙළවරක් නැති සසරකට උරුමකම් කියපු අය. බුදුරජාණන් වහන්සේ වදාළේ මේ ජීවිතය පටන් ගත්තු තැන සොයන්නට බැහැ කියලා. මේ ජීවිත පැවැත්මේ ආරම්භක කෙළවර සොයන්නට බැහැ කියලා. බුදුරජාණන් වහන්සේ වදාළේ මේ ජීවිතේ ආරම්භක කෙළවර සොයන්නට බැරි මේ ගමන එද්දී අපට සතර අපායේ උපදින්නට වෙනවා. අපට නිරයේ උපදින්න වෙනවා. තිරිසන් යෝනියේ උපදින්න වෙනවා. ප්‍රේත ලෝකයේ උපදින්න වෙනවා. මේ අපායේ වැටි වැටී යන්න වුණේ චතුරාර්ය සත්‍යය අවබෝධ නොකළ නිසා.

චතුරාර්ය සත්‍යය අවබෝධ නොකළ සත්වයා කර්මයට දාස වෙලා ඉන්නෙ. මේ සත්වයාව හසුරුවන්නෙ අවිද්‍යා සහගතව, ආර්ය සත්‍යාවබෝධයෙන් තොරව, අවිද්‍යාවෙන් යුක්තව තෘෂ්ණාවෙන් බැඳිලා, අවිද්‍යාවෙන් වැහිලා, චේතනාත්මකව සිත, කය, වචනය මෙහෙයවලා කර්ම රැස්කරන නිසා.

කලින් කලට බුදුවරු පහළ වෙනවා. කලින් කලට බුදුවරු පහළ වෙලා හිට, බුද්ධිමත් දෙවි මිනිසුන්ට ඇත්ත පහදා දෙනවා. ඒකයි බුදුරජාණන් වහන්සේලාගේ විශේෂත්වය. බුදුරජාණන් වහන්සේලා එක පාරටම පහළ වෙන්නේ නෑ. උන්වහන්සේලා පහළ වන්නේ ඉතාම කලාතුරකින්.

මින් අනූ එක්වෙනි කල්පයේ විපස්සී කියල බුදුරජාණන් වහන්සේ නමක් පහළ වුණා. ඊට පස්සේ පින්වත්නි, කල්ප හැටක් බුදුරජාණන් වහන්සේලා පහළ වුණේ නෑ. කල්ප හැටක්ම බුද්ධ ශූන්‍යයයි.

බුදුරජාණන් වහන්සේ ගෙන් භික්ෂුවක් ඇවිල්ලා ඇහුවා, "ස්වාමීනී, භාග්‍යවතුන් වහන්ස, 'කල්පය, කල්පය' කියනවා. කල්පය කියන්නේ ස්වාමීනී, කොච්චර කාලයක්ද?" "භික්ෂුව, කල්පය වර්ෂ වලින් කියන්න බැහැ. මෙපමණ වර්ෂ ගණනක්, මෙපමණ වර්ෂ සිය ගණනක්, මෙපමණ වර්ෂ දහස් ගණනක්, මෙපමණ වර්ෂ ලක්ෂ ගණනක් කියල කල්පය කියන්න බැහැ."

"ස්වාමීනී, උපමාවක් කියන්න පුළුවන්ද?" "පුළුවනි, පින්වත් භික්ෂුව" බුදුරජාණන් වහන්සේ උපමාවක් කියනවා. ඒ තමයි; සැතපුම් හතක් උස, සැතැපුම් හතක් දිග, සැතැපුම් හතක් පළල ගල් කුළක් තියෙනවා. මේ ගල්

පර්වතය අවුරුදු සියයකට වතාවක් සිනිඳු සේලයකින් පිහදනවා. කාලයාගේ ඇවෑමෙන් මේ ගල් පර්වතය පොළොව මට්ටමට ගෙවී යනවා. පින්වත් භික්ෂුව, ඒත් කල්පය අවසන් වන්නේ නෑ.

අන්න එවැනි කල්ප හැටක් බුදුරජාණන් වහන්සේලා ලෝකයේ නැතුව තිබුණා. ඒකට කියන්නේ බුද්ධ ශූන්‍ය කල්ප කියලා. මිනිස්සුන්ට චතුරාර්ය සත්‍යය අහන්නට ලැබෙන්නේ නෑ. අවිද්‍යාව නිසා, තෘෂ්ණාව නිසා, මේ ජීවිත පැවැත්ම පවතින්නේ පටිච්ච සමුප්පාදය අනුවයි කියලා සාමාන්‍ය ලෝකයාට අවබෝධ කරගන්න පිළිවෙලක් නෑ. කියාදෙන්න කෙනෙක් නෑ. සසරේ භයානකකම ගැන පෙන්වා දෙන්න කෙනෙක් නෑ. සතර අපායේ වැටෙනවා කියලා පැහැදිලිව පෙන්වා දෙන්න කෙනෙක් නෑ. මේ නිසා ලෝක සත්වයාට අවිද්‍යාවමයි උරුම වෙලා තියෙන්නේ.

කල්ප හැටක ඇවෑමෙන් ආයෙමත් සුන්දර යුගයක් ලැබුණා. ඒ යුගයේ සිඛී, වෙස්සභූ කියලා බුදුරජාණන් වහන්සේලා දෙනමක් පහළ වුණා. ඒ මීට කල්ප තිහකට පෙර. ඒ සිඛී, වෙස්සභූ බුදුරජාණන් වහන්සේලා චතුරාර්ය සත්‍යය දේශනා කළා. බුද්ධිමත් මනුෂ්‍යයින් ඒ ධර්මය අහල, ඒ ධර්මය අවබෝධ කරන්න කල්පනා කළා. ඒ අවබෝධය පිණිස සිත, කය, වචනය මෙහෙයෙව්වා. ඒ බුද්ධිමත් මනුෂ්‍යයින්ට අවිද්‍යාව බිඳලා, ආලෝකය උපදවා ගන්න පුළුවන් වුණා. තෘෂ්ණාවෙන් නිදහස් වෙන්න පුළුවන් වුණා. විමුක්තිය ලැබුවා.

ආයෙමත් කල්ප තිහක් බුදුරජාණන් වහන්සේලා පහළ වුණේ නෑ. කල්ප තිහකට පස්සේ අපි මේ ගත කරන කාලපරිච්ඡේදය එනවා. මේ කාල පරිච්ඡේදය තමයි මහා

භද්‍ර කල්පය. මහා භද්‍ර කල්පයේ බුදුරජාණන් වහන්සේලා සතර නමක් පහළ වුණා. මේ භද්‍ර කල්පයේ පහළ වී වදාළ පළමුවෙනි බුදුරජාණන් වහන්සේ කකුසඳ බුදුරජාණන් වහන්සේ. උන්වහන්සේ පහළ වෙනකොට මිනිසුන්ගේ ආයුෂ අවුරුදු හතළිස් දාහක්. ඒ බුද්ධ ශාසනය මනුෂ්‍යයන් අතරින් ගිළිහී ගියා.

ඊට පස්සේ ආයෙමත් බුදුරජාණන් වහන්සේ නමක් පහළ වුණා. කෝණාගමන බුදුරජාණන් වහන්සේ. එතකොට මිනිසුන්ගේ ආයුෂ අවුරුදු තිස්දාහයි. ඒ බුද්ධ ශාසනයත් දෙව් මිනිසුන්ගේ ලෝකයෙන් ගිලිහී ගියා. කොතරම් අනිත්‍යයිද? ඒවායේ සාධකයක්වත් සොයා ගන්න නැති තරම්ම අනිත්‍ය වෙලා ගියා.

මිනිසුන්ගේ ආයුෂ අවුරුදු විසිදාහ වෙද්දී, කාශ්‍යප බුදුරජාණන් වහන්සේ පහළ වුණා. ඒ කාශ්‍යප බුදුරජාණන් වහන්සේගේ බුද්ධ ශාසනය අතුරුදහන් වුණා. අතුරුදහන් වුනා කියන්නේ නොපෙනී යනවා නෙවෙයි. ශ්‍රාවකයෝ නැතුව යනවා. ඒ කාශ්‍යප බුදුරජාණන් වහන්සේගේ ශාසනයේ චතුරාර්ය සත්‍යය අවබෝධ කරගන්න ඕන කියල වීරිය කරන පිරිස නැතිවෙලා යනවා. ඒ ධර්මය කතා නොකර යනවා. ඒ ධර්මය කතා කරන්න බය වෙනවා. අකමැති වෙනවා. එතකොට සීල, සමාධි, ප්‍රඥා වඩන පිරිස නැතුව යනවා. එතකොට ශාසනය කෙමෙන් කෙමෙන් සමාජයෙන් වෙන්වෙලා නැතිවෙලා යනවා. කාශ්‍යප බුදුරජාණන් වහන්සේගේ ශාසනයට ඒක වුණා. ඒක වෙන්නෙ පින්වත්නි, මේ හිත්වල තියෙන අවිද්‍යාව නිසයි. තෘෂ්ණාව නිසයි. අවුරුදු විසිදාහේ යුගයේදී තමයි කාශ්‍යප බුදුරජාණන් වහන්සේ පහළ වුණේ.

මිනිසුන්ගේ ආයුෂ අවුරුදු විසිදාහෙන් අඩුවෙලා අඩුවෙලා ගිහින් දහ දාහට ඇවිත්, පන්දාහට ඇවිත්, දෙදාහට ඇවිත්, දාහට ඇවිල්ලා, පන්සීයට ඇවිල්ලා, අවුරුදු එකසිය විස්ස වෙද්දී ආයෙමත් අපේ වාසනාවට භාග්‍යවත් අරහත් සම්මා සම්බුදුරජාණන් වහන්සේ නමක් ගෞතම නමින් පහළ වුණා. කකුසඳ, කෝණාගමන, කාශ්‍යප, ගෞතම කියන ඒ බුදුරජාණන් වහන්සේලා සතර නම මේ භූමියේ සමාපත්ති සුවයෙන් වැඩසිටියා. අපි ජීවත් වෙන්නේ ගෞතම බුදුරජාණන් වහන්සේගේ යුගයේ.

ඒ ගෞතම බුදුරජාණන් වහන්සේ සම්බුද්ධත්වයට පත්වෙන මොහොතේ සෙවන සලසාලූ ජය ශ්‍රී මහා බෝධීන් වහන්සේ අපට දැන් අපේ ඇස් දෙකෙන් දකින්නට පුළුවන්. ඒ සම්මා සම්බුදු රජාණන් වහන්සේගේ දන්ත ධාතූන් වහන්සේ අපට අපේ ඇස් දෙකෙන් දකින්නට පුළුවන්. ඒ සම්මා සම්බුදු රජාණන් වහන්සේගේ ද්‍රෝණයක් ධාතූන් වහන්සේලා වැඩසිටින මේ ස්වර්ණමාලී ස්ථූපය වඳින්ට අපි සියලු දෙනාම පැමිණ තිබෙනවා.

ගෞතම බුදුරජාණන් වහන්සේගේ ශාසනය වෙනුවෙන් අපේ මුතුන් මිත්තෝ, පැරණි ස්වාමීන් වහන්සේලා ජීවිතය පූජා කළා. ජීවිත පරිත්‍යාගයෙන් මේ බුද්ධ ශාසනය ආරක්ෂා කළා. මිහිඳු මහරහතන් වහන්සේ ගෞතම බුදුරජාණන් වහන්සේගේ ධර්මය අපට ලබාදෙන කොට මේ රටේ හිටපු දේවානම්පියතිස්ස රජතුමා ප්‍රධාන, අරිට්ඨ අමාත්‍යතුමා ප්‍රධාන, අනුලා බිසව ප්‍රධාන සියලු දෙනා සුවඳ මල් මාලයක්, මුදුන් මල්කඩක් පිළිගන්නවා වගේ ඉතා ශ්‍රද්ධාවෙන් ඒ බුද්ධ ශාසනය පිළිගත්තා. ඒ ගෞතම ශාසනයේ පැවිදි වුණා. රජ්ජුරුවන්ගේ මහාමේඝ වනෝද්‍යානය ගෞතම බුද්ධ ශාසනයට පූජා කළා.

මිහිඳු මහරහතන් වහන්සේ සළකුණු කළා මහරජතුමනි, මෙන්න මෙතනයි ශ්‍රී මහා බෝධීන් වහන්සේ රෝපණය කළයුත්තේ. මෙන්න මෙතන ගෞතම බුදුරජාණන් වහන්සේගේ මහා ස්ථූපය පිහිටන්නේ. මෙන්න මෙතන මහාවිහාර භූමිය. මිහිඳු මහරහතන් වහන්සේ සියල්ල පෙන්නලා දුන්නා.

ඊටපස්සේ මේ ලක්බිමේ සැදැහැවත් සිංහල බෞද්ධ ජනතාව මුළු හදවතින්ම ගෞතම බුදුරජාණන් වහන්සේ සරණ ගියා. මුළු හදවතින්ම ගෞතම බුදුරජාණන් වහන්සේගේ ධර්මය සරණ ගියා. මුළු හදවතින්ම ගෞතම බුදුරජාණන් වහන්සේගේ ශ්‍රාවක සංඝරත්නය සරණ ගියා.

අරිට්ඨ අමාත්‍යතුමා ප්‍රධාන පන්සීයක් රාජකීය පිරිස පැවිදි වුණා. සීල, සමාධි, ප්‍රඥා ප්‍රගුණ කළා. මහරහතන් වහන්සේලා බවට පත්වුණා. ථූපාරාම සෑ මළුවේ විනය පිටකය සංගායනා කළා. ඒ වෙලාවෙත් මේ මහා පොළොව ගිගුරුම් දුන්නා. ස්වර්ණමාලී මහා ස්ථූපය පිහිටුවන වෙලාවෙත් මහා පොළොව ගිගුරුම් දුන්නා.

පින්වත්නි, කාලයාගේ ඇවෑමෙන් මේ ප්‍රදේශ වල්බිහි වෙලා ගියා. වනාන්තරගත වෙලා ගියා. ස්වර්ණමාලී මහා ස්ථූපය පස්කන්දක් වගේ පෙනිච්ච යුගයක් තිබුණා. අවුරුදු දාහක් වගේ කාලයක් පරසතුරු ආක්‍රමණ නිසා, අවුල් වියවුල් නිසා ගෞතම බුද්ධ ශාසනය සමාජයෙන් ඈත්වෙවී ගියා. වර්තමානයේ අවුරුදු සියයක් වගේ සුළු කාලයක තමයි ආයෙමත් මේ ලෝකයේ ගෞතම ශාසනය බැබලීමක් තියෙන්නෙ. එයිනුත් අවුරුදු පනහක් වගේ කාලයක තමයි ගෞතම බුදුරජාණන් වහන්සේගේ ශාසනය බබලමින් තියෙන්නෙ.

හැබැයි පින්වතුනි, අපි පැහැදිලිව යමක් තේරුම් ගත යුතුයි. ඒ තමයි මේ ලෝකය වෙනස් වෙනවා. මේ ලෝකය අනිත්‍යයයි.

අපි අප්‍රමාදී වෙන්න ඕන. අපට මේ ජීවත් වෙන්න තියෙන පොඩි කාලේ අපි අවබෝධයකින් යුතුව ගෞතම බුදුරජාණන් වහන්සේගේ පිළිසරණ ලබාගෙන, පිහිට ලබා ගන්න ඕන. අපි ලෝභකමින්, ඊර්ෂ්‍යාවෙන්, එකිනෙකාට බැණඅඬගහමින්, එකිනෙකාගේ දොස්කියාගෙන ඉඳල එලක් නෑ. පුංචි කාලයයි අපට තියෙන්නෙ.

අද ලක්ෂ සංඛ්‍යාත පිරිසක් අප සමඟ වන්දනාවට සහභාගී වෙනවා. අප, සමස්ත ලෝක ජනගහණය අනුව බලද්දී ඉතාම ස්වල්ප ප්‍රමාණයයි. නියපොත්තට ගත්තු පස් ටිකක් වගෙයි. සමස්ත සත්වයන් බලද්දී අපි ඉතාම ස්වල්පයයි.

ඉතින් පින්වත්නි, මේ ස්වල්ප පිරිස වන අපිත් මේ ගෞතම බුදුරජාණන් වහන්සේගේ ශාසනයේදී අඩු ගණනේ අපි ඉස්සෙල්ලාම ශ්‍රද්ධානුසාරී වෙලා, ඒ කියන්නේ ශ්‍රද්ධාවට පැමිණිලා, ඊට පස්සේ ධර්මය නුවණින් මෙනෙහි කරමින් ධම්මානුසාරී වෙලා, සෝවාන් මාර්ගය දියුණු කරගෙන අපට සෝවාන් ඵලයට පත්වෙන්න ලැබුණොත් සුගතියේ උපදින විදිහට අපේ ජීවිතය හදාගන්න පුළුවන්.

පින්වත්නි, ගෞතම බුදුරජාණන් වහන්සේගේ ශාසනය මිනිස් ලොවින් අතුරුදහන් වේගෙන ගියාට, දෙව් ලොවට එච්චර කාලයක් නෑ. මිනිස් ලෝකෙන් අවුරුදු හාරසීයක් තුසිත දිව්‍ය ලෝකෙ එක දවසයි. එතකොට බුදුරජාණන් වහන්සේගේ පිරිනිවන් පෑමෙන් පස්සේ තුසිත දිව්‍ය ලෝකෙට තාම දවස් හයයි. හැබැයි දෙවියන්

අතරට යන්නයි අමාරු. වර්තමාන යුගයේ මැරෙන මැරෙන අය යන්නේ සතර අපායේ. බොහෝ අය යන්නේ සතර අපායේ. ඉතාම ස්වල්ප පිරිසයි දෙවියන් අතරට යන්නේ.

ඒ කියන්නේ බොහෝ අය නිරයේ උපදිනවා. එහෙම නැත්නම් තිරිසන් අපායේ උපදිනවා. එහෙම නැත්නම් ප්‍රේත ලෝකෙ උපදිනවා. එහෙම නැත්නම් භූතයෝ වෙලා උපදිනවා. දෙවියන් අතරට යන්නේ ඉතාමත් ස්වල්ප දෙනයි. නැවත මිනිසුන් අතරට එන්නේ ඉතාමත් ස්වල්ප දෙනයි. ඒක නිසයි පින්වත්නි, බුදුරජාණන් වහන්සේ පිරිනිවන් පානා මොහොතේ අපට දේශනා කළේ "**(හන්දදානි භික්ඛවේ ආමන්තයාමි වෝ)** මහණෙනි, මම ඔබව අමතමි. **(වයධම්මා සංඛාරා)** මේ හේතුඵල දහමින් හටගත්තු සෑම දෙයක්ම අනිත්‍ය වෙලා යනවා. **(අප්පමාදේන සම්පාදේථ)** අප්‍රමාදීව ධර්මයේ හැසිරෙන්න" කියල.

ඉතින් ඒ නිසා පින්වත්නි, මනුෂ්‍යයින්ගේ ද්වේෂයෙන් මිනිස්සු පව් කරනවා. මනුෂ්‍යයන්ගේ ඊර්ෂ්‍යාව නිසා මිනිස්සු පව් කරනවා. පළිගන්නවා. මනුෂ්‍යයන්ගේ අවබෝධය නැතිකම නිසා පව් කරනවා. මනුෂ්‍යයන් මාන්නය නිසා පව් කරනවා. මනුෂ්‍යයන් ජාති, කුල, ගෝත්‍ර වශයෙන් බෙදීම නිසා පව් කරනවා. මනුෂ්‍යයන් උගත් නූගත් භේදයෙනුත් පව් කරනවා. මනුෂ්‍යයන් කාමය නිසාත් පව් කරනවා. මනුෂ්‍යයන් මෝහය නිසාත් පව් කරනවා. මේ නිසා ඔබට හිතෙන්න පුළුවන් මිනිස්සු විතරක් ද කියල. සමහර අමනුෂ්‍යයෝ හරියට ඉන්නවා මිනිස්සුන්ට වැහිලා, මිනිස්සුන්ව මෙහෙයවලා පව් කරනවා. අමනුෂ්‍යයෝ හරියට ඉන්නවා මිනිස්සුන්ව වාහකයෝ කරගෙන.

සුරයන් ඉන්නවා, අසුරයන් ඉන්නවා. සුර අසුර යුද්ධ ඇතිවෙනවා. අසුරයන් පැරදුණාම මේ මහපොළොව පැත්තට එන්න අසුරයන්ට බොහෝම අමාරුයි. සුර අසුර යුද්ධයකදී අසුරයන් දිනුවොත්, සුරයන් පැරදුණොත් අසුරයන් සම්පූර්ණයෙන්ම මේ මහ පොළොව ආක්‍රමණය කරනවා.

පින්වත්නි, අවුරුදු දහස් ගණනක අසුර ආක්‍රමණයක් මේ ලෝකයේ තිබුණා. අසුරයන්ගේ බලපෑම නිසා ගෞතම බුද්ධ ශාසනය බැබළුණු ඉන්දියාවේ බුද්ධ ශාසනය අතුරුදහන් වුණා. බුද්ධ ශාසනය ලෝකෙනුත් අතුරුදහන් වෙවී යනවා. නමුත් අපි මේ වගේ පින්කම් කරන කොට, ගෞතම බුදුරජාණන් වහන්සේගේ ගුණ කියන කොට, ගෞතම බුදුරජාණන් වහන්සේගේ ධර්මයේ ගුණ කියන කොට, ගෞතම බුදුරජාණන් වහන්සේගේ ශාසනයේ ධර්මය අවබෝධ කරගන්න ඕන කියල කල්පනා කරන කොට අසුර ලෝක කැළඹෙනවා. මොකද හේතුව? මිනිස්සුන්ට වැහිලා, මිනිස්සුන්ගේ පුදපූජා අරගෙන, මිනිසුන් එහාට මෙහාට හසුරුවගෙන මිනිසුන් යටත් කරගෙන තියෙන්නෙ නොපෙනෙන බලවේග. ඒ බලවේග කැමති නෑ මිනිස්සු ධර්මය තුළ ස්වාධීන වෙලා, මිනිස්සු ධර්මය තුළ නැගී හිටලා, මිනිස්සු කුසලගාමී මාර්ගය තුළ සුගතියේ ඉපදිලා සසර කෙටිකරගෙන යනවට නොපෙනෙන ලෝකෙ කැමති නෑ.

මේ ධර්මය යටපත් කරන්න නොයෙක් දේවල් කරනවා. මනුෂ්‍යයන්ට වැහෙනවා. වැහිලා මේ ධර්මයට විරුද්ධ දේවල් කෑගහලා කියනවා. විරුද්ධ දේවල් ලියනවා. මේ සෑම දෙයක්ම වෙන්නේ මේ නොපෙනෙන ලෝකයේ බලවේග කෙලෙස් එක්ක එකතු වෙලා.

මේ නිසා පින්වත්නි, අපි හිතන තරම් මේ ලෝකය ලස්සන එකක් නොවෙයි. අපිට පේන තරම් මේ ලෝකය සුන්දර එකක් නොවෙයි. අපි අහන තරම් මේ ලෝකය ආරක්ෂාකාරී එකකුත් නොවෙයි. මේ නිසා මේ සත්‍යය බොහෝ දෙනෙක් දන්නෙ නෑ. මරණයට පත්වෙලා දුගතියේ උපදිනකම්ම දන්නෙ නෑ. දුගතියේ ඉපදිලා ආයෙ කිසි දවසක ධර්ම මාර්ගයේ එන්න බැරි විදිහට අමාරු වෙනකම් දන්නෙ නෑ.

මේ නිසා පින්වත්නි, මේ මහා සෑය වන්දනාව අපි කරන්නට ඕන අපට ආරක්ෂාව ලබාගන්නමයි. බුදුරජාණන් වහන්සේ දේශනා කළා "**(අත්තදීපා භික්ඛවේ, විහරථ අත්ත සරණා)** පින්වත් මහණෙනි, තමා තමාව ආරක්ෂා කරගන්න. **(අනඤ්ඤ සරණා)** වෙන සරණක් නෑ. **(ධම්මදීපා භික්ඛවේ, විහරථ)** මහණෙනි, ධර්මය පිහිට කරගන්න. **(ධම්මසරණා)** ධර්මය සරණ කරගන්න. **(අනඤ්ඤසරණා)** වෙන සරණක් නෑ." මේක පුදුමාකාර සත්‍යයක්. මේක විශ්මිත සත්‍යයක්. තමන්මයි තමන්ට පිළිසරණ කරගන්න ඕන. තමන්මයි තමන්ගේ වීරිය හරිගස්සගන්න ඕන. තමන් අසිහියෙන් ඉන්න ඕනම වෙලාවක අමනුෂ්‍ය බලපෑමකට ගොදුරු වෙන්න පුළුවන්. නොපෙනෙන ලෝකයකට ගොදුරු වෙන්න පුළුවන්.

වෙන්නෙ මෙච්චරයි; එක්කො තමන් කාමයට වැටෙනවා. අමනුෂ්‍ය බලවේග තියෙනවා මිනිස්සුන්ගේ ඇඟවල්වලට වැහිලා කාමය විඳිනවා. අමනුෂ්‍ය බලවේග තියෙනවා මිනිස්සුන්ගේ ඇඟවල්වලට වැහිලා ද්වේෂය අනුභව කරනවා. අමනුෂ්‍ය බලවේග තියෙනවා මිනිස්සුන්ට ධර්මයේ හැසිරෙන්න දෙන්නෙ නෑ. මේ සියල්ල යටපත් කළේ ගෞතම බුදුරජාණන් වහන්සේ. ඒ බලවේග

මෙහෙයවන නායකත්වය පරාජයට පත්කරවල බුදුරජාණන් වහන්සේ ජයගත්තා.

බුදුරජාණන් වහන්සේ යම් ගම්මානයකට වඩිනවා නම් ඒ අහල පළාතක අමනුෂ්‍යයෙක් ඉන්නෙ නෑ. මිනිස්සුන්ව පෙළන අමනුෂ්‍යයෝ මිනිස්සුන්ව අත්හැරලා යනවා. දැන් මනුෂ්‍යයන් අතර ධර්ම මාර්ගය දියුණු කරගන්න අය හරි අමාරුවෙන් කරගන්න තියෙන්නෙ. හරි වීරියකින් කරගන්න තියෙන්නෙ. හරි උත්සාහයකින් කරගන්න තියෙන්නෙ. එකම පිළිසරණ බුදුරජාණන් වහන්සේ වදාළ ධර්මයයි. එකම රැකවරණය බුදුරජාණන් වහන්සේගේ ධර්මයයි. එකම පිහිට බුදුරජාණන් වහන්සේගේ ධර්මයයි.

අපේ වාසනාවට මේ ගෞතම බුද්ධ ශාසනය පවතින තුරු, මේ ශ්‍රී මහා බෝධීන් වහන්සේ ජීවමානව වැඩසිටින තුරු, රුවන්වැලි මහා සෑය වැඩසිටින තුරු, දන්ත ධාතූන් වහන්සේ වැඩසිටින තුරු, අපට ලොකු ශක්තියක් තියෙනවා අපේ බුදුරජාණන් වහන්සේ ගේ බලය තාම තියෙනවා කියල. අපට ලොකු වීරියක් ඇතිවෙනවා අපි තාම අසරණ නෑ. බුදුරජාණන් වහන්සේගේ ජීවමාන බෝධීන් වහන්සේ වැඩසිටිනවා. ස්වර්ණමාලී මහා චෛත්‍ය රාජයාණන් වහන්සේ වැඩසිටිනවා. මහා ස්ථූප වලින් බුදුරැස් විහිදෙනවා. තවම අපි අසරණ නෑ කියල බුදුරජාණන් වහන්සේගේම ආරක්ෂාව අපේ සිත්වලට දැනෙනවා.

ඒ බුදුරජාණන් වහන්සේගේ පිහිට පිළිසරණ ලබා ගන්න අපිට ජීවත් වෙන්න තියෙන සුළු කාලයේදී අපේ ජීවිත රැකවරණය අපි සළසා ගන්නට ඕන ධර්මයෙන්මයි. ධර්මයෙන්මයි අපේ ජීවිත රැකවරණය සළසා ගන්නට

ඕන.

අවිද්‍යාව නිසා, තෘෂ්ණාව නිසා අපට හිතෙන්නේ 'අපට මොකුත් වෙන්නෙ නෑ. අපට ප්‍රශ්නයක් වෙන එකක් නෑ. අපට කරදරයක් වෙන එකක් නෑ. ඒක අනිත් අයට තමයි සිද්ධ වෙන්නෙ' කියල. එහෙම නෑ. බුදුරජාණන් වහන්සේ පෙන්වා දෙන්නෙ කොහොමද? **(අජ්ජේව කිච්චං ආතප්පං - කෝජඤ්ඤා මරණං සුවේ)** අදමයි අපි මහන්සි වෙන්න ඕන. හෙට මැරෙයිද කියලා කවුද දන්නෙ? **(න හි නෝ සංගරංතේන - මහාසේනේන මච්චුනා)** මහා සේනා ඇති මාරයා සමඟ ගිවිසුමක් ගසා නැහැ නෙව.

ඒ නිසා පින්වත්නි, සේනා සහිත ඒ මාර බලවේගය මේ ලෝක ධාතුවම දැන් මාර බලවේගයට අරගෙනයි තියෙන්නෙ. සමස්ත ලෝකයම සේනා සහිත මාර බලවේග යේ ග්‍රහණයට අරගෙනයි තියෙන්නෙ. ලෝක සත්වයාව මෙහෙයනවා. එකම පිළිසරණ බුදුරජාණන් වහන්සේමයි. බුදුරජාණන් වහන්සේගේ ධර්මයයි. ඒ බුදුරජාණන් වහන්සේගේ ශ්‍රාවක සංඝරත්නයයි.

මේ නිසා පින්වත්නි, අපි සිත පහදවා ගන්න ඕන ලෝකෙ කිසි කෙනෙකුට වෙනස් කරන්න බැරි විදිහට. අපි සරණ යන්න ඕන සදාකාලික සරණ. මේ ගෞතම බුද්ධ ශාසනයේදීම අපට පිළිසරණ, රැකවරණය ලැබෙනවා කියන අදහසින්මයි අපි බුදුරජාණන් වහන්සේව සරණ යන්න ඕන. බුදුරජාණන් වහන්සේ අපට පෙන්වා දුන්නා ආරක්ෂාවට සිහිය තියාගන්න කියලා. රැකවරණයට සීලය තියාගන්න කියල. පෝෂණයට ශ්‍රද්ධාව තියාගන්න කියල. අවබෝධයට ප්‍රඥාව තියාගන්න කියල. සටනට වීරිය තියාගන්න කියල. මෙන්න මේ ගුණධර්ම අපේ ජීවිතවල

තියෙන්න ඕන. මේවා දුර්වල සෑම මොහොතකම අපේ ජීවිත සංසාරයට කඩාගෙන වැටෙනවා. වෙන වැටෙන තැනක් නෑ. විමුක්තියට කඩාගෙන වැටෙන්නෙ නෑ. අපේ ජීවිත කඩාගෙන වැටෙන්නේ සසරටයි. උපතක් කරායන්නමයි.

බුදුරජාණන් වහන්සේ පෙන්වා දෙනවා ධර්මය අවබෝධ කරගන්න බැරිවෙච්ච එක්කෙනා වහුපැටියෙක් මව්දෙන සොයාගෙන, මව්දෙනගේ තනබුරුල්ලේ දුවල ගිහින් එල්ලෙනවා වගේ මෙතනින් මැරෙන කොටම උපතක එල්ලෙනවා. උපතක් කරායනවා. මේකෙන් ගැලවෙන්න බෑ. ධර්මාවබෝධ නො කළ පුද්ගලයා මියයන කොටම උපදින්න ආසාවෙන් මැරෙනවා. ආයෙ ආයෙමත් උපදින්න ආසාවෙන් මැරෙනවා. මෙයින් අත්මිදෙන්නට අපට තියෙන්නේ ඒ බුදුරජාණන් වහන්සේගේ පිහිටමයි.

සාදු! සාදු!! සාදු!!!

නමෝ තස්ස භගවතෝ අරහතෝ සම්මාසම්බුද්ධස්ස
ඒ භාග්‍යවත් අරහත් සම්මා සම්බුදුරජාණන් වහන්සේට නමස්කාර වේවා!

03.
අසිරිමත් ස්වර්ණමාලී මහා සෑ වන්දනාව

01. සිරි මහ බෝ රජු නිතර — වඳින්ටයි
රන් මැලි මහ සෑයත් — නමඳින්ටයි
ථූපාරාමය සිහි — කරගන්ටයි
අටමස්ථානය මම — නමඳින්ටයි

02. සන්සුන් සිත් අපහට ඇති — වන්ටයි
කන්කළු ලෙස බුදු ගුණ — පවසන්ටයි
රන්වන් රැස් සෑයෙන් — විහිදෙන්ටයි
රන්මැලි සෑයේ වරුණ — අසන්ටයි

03. කකුසඳ කෝණාගමන කසුප් — බුදු
සිහි කළ මැන ඒ සම්බුදු ගුණ — මුදු
පිරිණිවි සඳ මුනිවරු පුන් සඳ — බඳු
යලි යුගයක් ආවා ලොව — සම්බුදු

04. අඳුර නසන පහනක්   විලසින්නේ
      පවස නිවාලන ගඟුලක්   වැන්නේ
      සඳ එළියක් සේ සිසිලස   දෙන්නේ
      සිරි ගෞතම බුදු සමිඳු   වඩින්නේ

05. දඹදිව් තලයේ හිමි වැඩ   ඉන්නේ
      දෙව් මිනිසුන් හට සැපත   සදන්නේ
      ලොව් තුරු මඟඵල දහම   ඇසෙන්නේ
      ගෞතම බුදු සසුනයි   බබලන්නේ

06. බුදු කරුණාවෙන් දෑස   තෙමෙන්නේ
      මුදු කෝමල සිරි පතුල්   තබන්නේ
      සුදු බුදු රැස් සිරසින්   විහිදෙන්නේ
      බුදු සමිඳුන් සිරිලකට   වඩින්නේ

07. මහියංගන කැළණිය   නා දිවයින
      සංසුන් කොට පවසා සම්බුදු   බණ
      පින් කෙත ලෙස සරසා මේ   දිවයින
      වැඩියා ගෞතම මුනි සැනසුම   දෙන

08. සිරිපා සමනොල සිරසෙ   තබන්නේ
      පිනි පා කොට සුරිඳුන්   නමදින්නේ
      සතපා දිවමල් යහන්   තනන්නේ
      මුනි පා පහසින් පිරිසිදු   වන්නේ

09. අටමස්ථානෙට සමිඳු   වඩිනවා
      සැට අමුණක සුදු මල්   වැගිරෙනවා
      වට කොට දෙව් බඹ පිරිස   සිටිනවා
      අටමස්ථානේ ලොව   බබලනවා

10. රන්කොත බබලනවා නිල් අහසේ
පින්වතුනේ දැක ගනු මැන සිත් සේ
රන්බඳ දිස්වෙයි කිරි බුබුළක් සේ
රන්මැලි සෑ නමදිමු අපි සිත් සේ

11. සලන සෙමර මැද දිළි මැණිකක් සේ
චලන නොවන මහමෙර මුදුනක් සේ
මිලින නොකළ හැකි රන් පියුමක් සේ
බලනු මැනවි රන්මැලි සෑ සිත් සේ

12. මුදුන සිටම විදුලිය දැල්වෙනවා
බුදු රැස් කැටි කළ කොඩි ලෙළ දෙනවා
මුදු මද පවනේ සුවඳ හමනවා
බුදු සසුනක ඇති සිරිය දැනෙනවා

13. පුන් කළසේ ඇති නෙළුම් පිපෙනවා
රන් මල් ලෙස මල් මාල ගෙතෙනවා
පින් වරුසාවක් ලොවට වසිනවා
රන්මැලි සෑයෙන් රැස් විහිදෙනවා

සාදු! සාදු!! සාදු!!!

• දඹදිව බුදු සසුන බබලනවා....

01. රහතුන්ගෙන් දඹදිව බබලන්නේ
දහසක් හිරු සඳු විලස දිලෙන්නේ
මහසත් ගුණ ඇති හැම එක්වෙන්නේ
රහසක් නැති බුදු සසුන දිලෙන්නේ

02. සතළිස් පස් වසරක් ගත වන්නේ
සැම සිත් ලොව දහමට නතු වන්නේ
විකසිත කළ බුදු කිස නිම වන්නේ
පිරිනිවනට කල් බව දැන ගන්නේ

03. විසල් පුරේ අප මුනි වැඩ සිටි සඳ
කුසල් නොමැති මරු පැමිණ පෙරට වැද
සියල් සැපත දෙන සම්බුදු මඟ බිඳ
නොකල් ගමනකට ඇරයුම් ලද සඳ

04. සැම සත හට මෙත් සිත යොදමින්නේ
මුනි ගුණයට නැඹුරුව පවතින්නේ
අවරගිරට යන හිරු විලසින්නේ
පිරිණිවනට දින නියම කරන්නේ

05. අසූ වසක් මනු ලොවේ ගෙවන්නේ
ගැසූ ඇසුරු සන ලෙස නිම වන්නේ
විසූ තැනින් බැහැරට වඩිමින්නේ
නැසූ දුකින් නිවනට යොමු වන්නේ

06. කුසිනාරාවට සමිඳු වඩින්නේ
වැසි පොද ලෙස දෙව්වරු රැස් වන්නේ
රිසිලෙස මුනිඳුට යහන තනන්නේ
නිසි විලසට මුනිඳුන් සැතපෙන්නේ

07. සල් රුක් යුගලක් දෙපස තිබෙන්නේ
මල් වරුසාවක් විලස පිපෙන්නේ
කල් බලනා අප මුනි මෙලෙසින්නේ
සිල් ඇති සක්දෙවිඳුට පවසන්නේ

08. දෙවිඳුනි මේ බුදු සිරුර දැවුනවිට
ලැබෙයි ධාතු සොළොසක් වූ නැළියට
බෙදනා විට අට ද්‍රෝණක් විලසට
එක ද්‍රෝණක් රැක දෙනු වෙන රටකට

09. සයුරේ මුතු ඇටයක් විලසින්නේ
ඒ රට ඔබ සුරැකිය යුතු වන්නේ
සීහළ දීපය ලෙස දැනගන්නේ
ඒ රට තුළ බුදු සසුන දිලෙන්නේ

10. රාම ගමේ දාගැබක් තැනෙනවා
ද්‍රෝණයක්ම ධාතුන් ද රැඳෙනවා
නා ලොව නා රජවරු නමදිනවා
ඒ ධාතුන් සිරි ලකට වඩිනවා

11. සීහලදීපේ සෑය තැනෙනවා
වීතරාගි බුදු ගුණය රැඳෙනවා
මිහිකත මුදුනේ මල්කඩ වෙනවා
ද්‍රෝණයක්ම ධාතුන් පිහිටනවා

සාදු! සාදු!! සාදු!!!

ශ්‍රද්ධාවන්ත පින්වත්නි,

සක් දෙවිඳුන්ට බුදුරජාණන් වහන්සේ වදාළා ඔය විදිහට. ධාතූන් වහන්සේලා ද්‍රෝණයක් ශ්‍රී ලංකාද්වීපයේ මහා ස්ථූපයේ තැන්පත් වෙනවා කියල. සක් දෙවිඳුන්ගේ ඒ බස මහා කස්සප මහරහතන් වහන්සේට අසන්නට ලැබුණා. මහා කාශ්‍යප මහරහතන් වහන්සේ අජාසත්ත

රජතුමාට කිව්වා. එක ද්‍රෝණයක් ධාතූන් වහන්සේලා රාමග්‍රාම ස්ථූපයේ සදන්නට ඕන ශ්‍රී ලංකාද්වීපය උදෙසා.

01. අසා සක් දෙවිඳුගේ මේ බස
- මහා කස්සප හිමි එදා
අජාසත් රජු හට ද දුන්නේ
- ද්‍රෝණ සතකින් මුනිඳු දා

02. ලබා එක් ද්‍රෝණයක් රම්ගම
- සදා දාගැබ තුළ රඳා
බෙදා ගන්නට නොහැකි විය එය
- එදා සුරකුනි මුනිඳු දා

03. දහම්සෝ නරපතිඳු දඹදිව
- සහන් සිත් ලැබ සාසනේ
දහස් ගණනින් තනා දාගැබ්
- පහන් සිත් මතුකළ තැනේ

04. සතක් වූ ද්‍රෝණයක් ධාතූන්
- රැගෙන තැන්පත් කරමිනේ
රාමගම ඇති ධාතු ගන්නට
- සිතක් පහළව සිටි තැනේ

05. රහත් මුනිවරු පැමිණ රජු වෙත
- මුනිඳු වදහල දේ කියන්නේ
සාක්කියකට සිටින සක් දෙවි
- ද්‍රෝණයක් ධාතූන් රකින්නේ

06. මහත් කොට ලොව සදන සෑයට
- බුදු රජුන් වෙන්කොට තබන්නේ

රහත් ගුණයට හිස නමා රජු
- ධාතු ගන්නට එහි නොයන්නේ

ධාතූන් වහන්සේලා තැන්පත් කළේ රාමග්‍රාම ස්ථූපයේ. ඒ ස්ථූපය ගංගාවේ සැඩපහරට කැඩුණා. කරඬුව පහළට ගසාගෙන ගියා.

01. හිමවතේ සිට ගලා බසිනා
- නදී සැඩ පහරයි වදින්නේ
රම්ගමේ ඇති සෑය බඳ වට
- සඳක් ගෙවෙනා ලෙස කැඩෙන්නේ

02. දිනක් ඒ දාගැබ කැඩී ගොස්
- කරඬුව ද නදියට වැටෙන්නේ
මැණික් වරුසාවකට මැදි වුණ
- රනක් ලෙස පහළට ඇදෙන්නේ

03. නිවන් ලැබ දුන් මුනිඳු ධාතූන්
- මහා සයුරට වඩිමිනේ
ගමන් නවතා කෙමෙන් පහළට
- වඩින කරඬුව දකිමිනේ

04. පවන් විලසින් රැලි නඟා යන
- නාගයින් එය රකිමිනේ
දැනුම් දුන් විට නාග රජු හට
- වැඳ වැටී එහි පැමිණුනේ

05. රන් රුවන් අතුරා යහන් මත
- මැණික් දාගැබ කරමිනේ

මන් තුටින් මහකාල නා රජු
- ලොවක් ලද ලෙස සතුටිනේ

06. නා අඟනන් මිණි වීණාවන් ගෙන
- නා නැටුමෙන් මල් සුවඳ සඳුන් ගෙන
නා නා බුදු ගුණ කව් පද බැඳ ගෙන
- නා රජවරු නමදිති කරඬුව ගෙන

ඊළඟට ධර්මාශෝක රජු මුල් වෙලා කළ ධර්ම සංගායනාව. ඒ ධර්ම සංගායනාවෙන් පස්සේ මිහිඳු මහරහතන් වහන්සේ වැඩම කළා.

01. දඹදිව් තලයේ පිපුන සසුන් මල
කලින් කලට පරවෙන්නට යන කල
මලින් සුවඳ රොන් උරන බඹර කැළ
ලෙසින් දෙවි බඹුන් රකිති සසුන් මල

02. සම්බුදු බණ දුක් නිවන මගේ යන
අමතක කොට වාදයකට බැස ගෙන
ගෞතම සම්බුදු සසුන බැහැර වෙන
තැනට පැමිණි විට සිවුරු දරා ගෙන

03. පෙරට රහත් මුනිවරු වඩිමින්නේ
අකලට පර වෙන මල රැක ගන්නේ
රජවරු බුදු සසුනට පහදින්නේ
නිසි කල සංගායනා කරන්නේ

04. දම්සෝ නිරිඳුන් දායක වෙනවා
කම්ඵල අදහන හැම එක්වෙනවා

නිම් නැති බාධක දුරහැරලනවා
දම්රජුගේ දම් සක සුරැකෙනවා

● ශ්‍රී ලංකාද්වීපයට බුද්ධ ශාසනය ලැබෙනවා...

01. නැවත සසුන් මඟ පිරිසිදු වෙන්නේ
ලොවට සෙතට රහතුන් වඩිමින්නේ
පිනට අපට මහ මිහිඳු නමින්නේ
අරහත් මාහිමියන් වැඩමන්නේ

02. තිස්ස නිරිඳු රජ කරනා කාලේ
මිස්සක පව්වට වඩිනා වේලේ
ලස්සන රුව ඇති සදහම් මාලේ
තිස්ස රජුට ලැබුණා ඒ කාලේ

03. සත්ගුණ ඇති හිමි දහම් දෙසන්නේ
ඇත් පියවර උපමාවට ගන්නේ
සෙත් සලසන තුන් සරණ ලැබෙන්නේ
තිස්ස නිරිඳු තෙරුවන් නමඳින්නේ

04. දම් රජුගේ බුදු බණ අසමින්නේ
සංසාරේ දුක ගැන වැටහෙන්නේ
නම්මාගෙන සිත සිල් සුරකින්නේ
ළං වී ගෞතම සසුනට එන්නේ

05. අරිට්ඨ ඇමතිගෙ සිත පහදිනවා
පන්සියයක් කුමරුන් එක්වෙනවා

පින් පල දෙන යුගයක් මතුවෙනවා
ගෞතම සසුනේ පිහිට ලබනවා

06. පන්සියයක් ලක් පුතුන් සැදෙන්නේ
තුන් සිවුරෙන් ගත පොරවා ගන්නේ
සන්සුන් ලෙස නිවනට යොමු වන්නේ
ගෞතම බුදු සසුනයි බබලන්නේ

07. සඟමිත් තෙරණිය මෙහි වඩිමින්නේ
ජය සිරි මහ බෝධිය සමගින්නේ
පන්සියයක් අඟනන් එක්වන්නේ
ගෞතම සසුනේ පිහිට ලබන්නේ

08. සිරිලක අඟනන්ගේ සිත පහදා
බුදු සසුනේ පැවිදිව සෙත් සාදා
දුරුකරමින් කතුනට ඇති බාධා
සිරිලක බබලයි විලසින් පෝදා

09. ගෞතම මුනිඳුගෙ ධාතු ලැබෙනවා
එය වට කොට දාගැබක් තනනවා
ථූපාරාමය ලෙස නමදිනවා
සිරිලක ගෞතම සසුන දිලෙනවා

10. අනුබුදු මාහිමි පෙරට වඩිනවා
බුදු සසුනට සඟ පිරිස සැදෙනවා
දහම විනය මැනැවින් පිහිටනවා
ථූපාරාමෙන් රැස් විහිදෙනවා

මිහිඳු මහරහතන් වහන්සේ මේ භූමියට වඩිනවා.

දේවානම්පියතිස්ස රජතුමා සමඟ පැමිණ මේ විදිහටයි එය සිදුවන්නේ.

01. දිනක් මිහිඳු හිමි මෙහි වඩිමින්නේ
දනක් උසට මල් මිටි පුදමින්නේ
පිනක් කරන නිරිඳුන් කැඳවන්නේ
මැණික් පිරුණු බිම ගැන පවසන්නේ

02. රජුනි ඔබට මුණුබුරෙක් ලැබෙනවා
නමින් ගාමිණී අභය කියනවා
මහ පින් ඇති ඔහු මෙහි රජවෙනවා
එකලට ගෞතම සසුන දිලෙනවා

03. සිරිලක එක්සේසත් කරවන්නේ
මෙන්න මෙතැන මහසෑය කරන්නේ
ද්‍රෝණක් මුනි ධාතුන් පිහිටන්නේ
ගෞතම බුදු සසුනයි බබලන්නේ

04. තිස්ස නිරිඳු සතුටින් ඉපිලෙනවා
දෑත නළලෙ බැඳ සාදු කියනවා
එය සිහි කොට කුළුනක් තනවනවා
මහසෑයට බිම් කොටස තබනවා

• සසුන රකින දරුවෙකුයි පතන්නේ .....

01. කාවන්තිස් නම් රජු රජ වෙනවා
කැළණි රජුගෙ දූ කුමරි ලැබෙනවා
විහාර මහ දේවියයි කියනවා
පින් ඇති බිලිදෙකු පතා සිටිනවා

02. සිරිලක සිරි සැප ලොවට ඇසෙන්නේ
පරසතුරන්ගේ උවදුරු එන්නේ
රජ පරපුර පසු බැස ගෙනයන්නේ
මිසදිටුවයි රට තුළ පැතිරෙන්නේ

03. එළාර නම් රජු මෙහි පැමිණෙන්නේ
ලබා සෙනඟ දඹදිවින් ගෙනෙන්නේ
බලා සිටින විට රට පිරිහෙන්නේ
අවාසනාවේ යුගයකි එන්නේ

04. රුහුණට කාවන්තිස් රජු යන්නේ
නුහුරට යන සතුරන් රජ වන්නේ
බුදු සසුනයි රැක ගත යුතු වන්නේ
විහාර මහා දේවිය ලතැවෙන්නේ

05. පුත් කුමරෙකු නැති දුකින් තැවෙන්නේ
සඟ රුවනට දන් පැනින් පුදන්නේ
සසුන රකින දරුවෙකුයි පතන්නේ
සිල් ගුණ දම් රැක පින් කර ගන්නේ

විහාරමහා දේවිය සිතුල් පව්වේ භික්ෂූන් වහන්සේලාට දන් පැන් පූජා කරමින් ශාසනය රැක ගන්නට පුළුවන් දරුවෙකු පතනවා...

01. සිතුල් පව්වෙ සඟ ගණ වැඩ සිටිනා
විසල් ගුණය රැඳි සිල් කඳ දරනා
නිසල් සිතින් සමවත තුළ සිටිනා
කමල් පුදමු සඟ රුවනට තුටිනා

ඒ අතර සාමණේර ස්වාමීන් වහන්සේ නමක් අසනීප වෙලා මරණාසන්නව සිටිනවා.

02. හෙරණ නමක් මේ අතර සිටින්නේ
ලෙඩ දුක් මැද දහමේ හැසිරෙන්නේ
අවසන් මොහොතට එළඹ සිටින්නේ
සඟරුවනට මේ බව සැලවන්නේ

03. විහාර මහ දේවියට කියන්නේ
හනිකට එතුමිය එතැනට එන්නේ
හෙරණ නමගෙ සිත පහදාලන්නේ
බුදු සසුනයි රැක ගත යුතු වන්නේ

04. දේවියගෙන් ඇරයුමක් ලැබෙනවා
තම කුස පිළිසිඳ ගන්න කියනවා
පින් ඇති හිමි නම අපවත් වෙනවා
ගැමුණු කුමරු ලෙස උපත ලබනවා

05. පුර පස සඳ මඬලක් ලෙස වැඩෙනා
ගැමුණු කුමරු සසරේ පින් තිබෙනා
බල වීරිය ඥානය තුළ දිලෙනා
එඩිතර සිත ඇත සිරිලක රකිනා

ගෞතම බුද්ධ ශාසනයේ වාසනාවට ගැමුණු කුමරයා සිංහල ද්වීපය එක්සේසත් කරලා රජකමට පත්වෙනවා.

01. සැප විඳුමට රජකම නොපතන්නේ
බලතණ්හාවෙන් වියරු නොවන්නේ
සැප සලසන්නට සියලු සතුන්නේ
රට රැකගන්නට සටනට එන්නේ

02. මිසදුටු බල හැම සුන් වී යන්නේ
පරසතුරන්ගෙන් රට මුදවන්නේ
යලි සිරිලක එක්සේසත් වන්නේ
ගැමුණු කුමරු සිරිලක රජ වන්නේ

03. රහතුන්ගෙන් ආසිරි ලැබ ගන්නේ
ගෞතම සසුනට ආල වඩන්නේ
දන් පැන් පුදමින් පින් කර ගන්නේ
දෙව්ලොවටත් කිතුගොස පැතිරෙන්නේ

04. සටන් වැදී සතුරන් සමගින්නේ
සිටි කල ලුණු මිරිසක් වළඳින්නේ
සඟ රුවනට පිදුමට බැරි වන්නේ
වරදක් බව එය සිහි කරලන්නේ

05. සිරස නමා සඟ රුවන පුදන්නේ
වරදට පිළියම් ඇතැයි කියන්නේ
සරසන සිත පින්කමක් කරන්නේ
මිරිසවැටිය මහා සෑ කරවන්නේ

දුටුගැමුණු රජතුමාට මාලිගාවේ කරඬුවකින් රන්පතක් ලැබෙනවා. ඒ රන්පතේ ලියා තිබෙනවා මිහිඳු මහරහතන් වහන්සේ දෙවන පැතිස් රජතුමාට පැවසූ දේ. මේ භූමියේ එක්සිය විසිරියන් උසට මහා සෑ හදන බව.

01. රජ මැඳුරේ කරඬුවක් තිබෙනවා
ඒ තුළ සොඳ රන් පතක් දිලෙනවා
ගැමුණු රජුට කියවන්ට ලැබෙනවා
මේ අයුරින් එහි ලියා තිබෙනවා

02. මිහිඳු මාහිමි දෙවන පෑතිස්
- රජුට මෙලෙසින් වදහලේ
සියලු සිරිලක සතුරු බල බිඳ
- මුණුබුරෙක් රජ වන කලේ
දුටුගැමුණු යන නමින් පරසිඳු
- සිටින පතුරා තෙද බලේ
උතුම් ගෞතම සසුන බබලන
- යුගය එනු ඇත එම කලේ

03. තව්තිසාවේ සුධර්මා නම්
- දෙව් සභාවේ විලසිනේ
මහල් නවයක් උසින් දිලෙනා
- උතුම් මැදුරක් කරමිනේ
සිල් පුරන්නට සඟරුවන හට
- පොහොය ගෙය එහි බඳිමිනේ
ලෝව මහ පා නමින් ලොව එය
- දිලෙනු ඇත හිරු විලසිනේ

04. උසින් එක්සිය විසි රියන් ඇති
- මහා සෑයක් තනවමින්
ද්‍රෝණයක් මුනි ධාතු රඳවා
- ස්වර්ණමාලී යන නමින්
කල්පයක් බුදු ගුණ ගයන්නට
- දෙව් මිනිස් හැම එක්වෙමින්
බබලවයි බුදු සසුන කුමරුන්
- රහත් යුගයට උරදෙමින්

දුටුගැමුණු රජතුමා බුදු සසුන බබලනවා කියන වචනය ඇහිලා හොඳටම සන්තෝෂයක් ඇතිවුණා. සාදු

නාද දීල ප්‍රීතියෙන් පිනා ගියා.

05. ගැමුණු කුමරු සතුටින් ඉපිලෙන්නේ
ඔල්වරසන් දී සාදු කියන්නේ
මල් පිපෙනා පින් යාය දකින්නේ
සිල් ගුණ ඇති සඟ රුවන වඳින්නේ

06. අසතු මැනවි පින්වත් හිමි වරුණේ
පොහොය ගෙයක් තනවන්නට සිතුණේ
දෙව්ලොව වෙත එක නමක් වඩීමිනේ
ගෙන එනු මැන සැලසුමක් විගසිනේ

රහතන් වහන්සේලා අට නමක් දෙව්ලොව වැඩියා. භරණී කියන දෙව් දුවගේ දිව්‍ය විමානයේ සැලසුම ගෙන ආවා.

01. අරහත් ගුණැති සඟ රුවන ද රැස් වෙනවා
රහතුන් අට නමක් ගමනට එක් වෙනවා
ඇතින් දෙව් විමන් සොඳුරුව දිස් වෙනවා
රහතුන්ගේ නෙතට විමනක් ලක් වෙනවා

02. භරණී නමින් යුතු දෙව්දුවගේ විමන
බබලයි කුළුගෙවල් දහසින් යුතු රතින
මන්මත් කරන දුටු විට එම දෙව් විමන
දහසක් දෙවඟනන් නිති එහි සැරි සරන

03. රහතුන් වඩින විට එම දෙව් විමන වෙත
භරණිය පැමිණ වැඳ යොමු කොට සැදැහැ සිත
විමසන විටදි රහතුන් ඇගෙ පෙර පුවත
පවසයි මෙලෙස මතු කොට පෙර පිනක වත

04. පින්වත් හිමිවරුනි මේ කප තුන් වෙනිව
කස්සප බුදු සමිඳු වැඩ සිටි සැක නැතිව
පතුරන විටදි සදහම් බුදු බල ඇතිව
හැසිරුණි පිනැති අය බුදු දහමට නතුව

05. විසුවා දාසියක් ලෙස මා එහි එකල
වැඩියා සඟ රුවන මා සිටි නිවස තුල
සකසා පිරිසිදුව දන් පැන් පිසින කල
වැඩුවා බුදු ගුණම හිමියනි මම එකල

06. පන්සිල් සුරැක තුන් සරණය මුලට තබා
දන් පැන් පිසින විට වෙහෙසකට පසු නොබා
සන්සුන් සිතින් සිට සුදනන් ඇසුර ලබා
දූන් මම සැප විඳිමි මේ දෙව් විමන ලබා

07. අනුමෝදන්ව අරහත් මුනිවරුන් එය
මනුලොව ගෙන යන්ට සැලසුමට ගෙන මෙය
නවමහලකින් බබලන දෙව්දුවගෙ ගෙය
ඇන්දා රහත් මුනිවරු සළු පටක එය

08. ගෞතම සසුන වෙත අපමණ සැදැහැ ඇති
රහතුන්ගෙන් ලබා ඒ සළු පට රුවැති
නිරිඳුන් ගැමුණු තනවා නව මහල් ඇති
ලෝවාමහාපාය පිදුවා වඩන රුති

09. සතියක් පුරා මහ දන් පැන් පුදමින්නේ
යොදුනක් උස පොහොය ගෙය මෙහි තනවන්නේ
සිරසක් මත රැඳුන මැණිකක් විලසින්නේ
සතුටක් ලබන රජ මේ බිමටයි එන්නේ

දැන් දුටුගැමුණු රජතුමා මෙතනට එනකොට කාවන්තිස්ස රජතුමා කරවපු ගල්කණුව දකින්නට ලැබෙනවා.

01. ගල් කුළුනක තිබෙන සටහන දැක ගන්නේ
සිල් කඳ මිහිඳු මාහිමි බස සිහි වන්නේ
මල් පිදූ මහා සෑය ඉදිවන තැන දන්නේ
මල් මිටි රැගෙන රජු බෝ මළුවට යන්නේ

02. සිලි සිලි පත් දිලෙන බෝ සමිඳුන් ගාවා
සියපත් උපුල් පුදමින් සොඳ පැන් නහවා
ගන රන් පුරා අතුරා බෝ හිමි ගාවා
නිරිඳුන් වැඳ වැටී බැතිබර සිත පෑවා

03. මහ සෑ පිහිටුවන මෙතැනට රජු එනවා
ඒ මැද තිබෙන කුළුණ ඉවතට ගෙන යනවා
එනමුදු එක් රැකක් මේ බිම තනි වෙනවා
රජු හට එය ඉවත් කෙරුමට බැරි වෙනවා

04. නිරිඳුන් රහත් සඟ රුවනට වඳිමින්නේ
සෑ බිම ඇති තෙළිඹු රැක ගැන විමසන්නේ
ඒ රන් තෙළිඹු රැක බාධාවක් වන්නේ
හිමියනි එය කපන්නට බැරි බව දන්නේ

05. රහතුන් මේ සෑ බිමට වඩිනවා
තෙළිඹු රැකින් එළියක් විහිදෙනවා
දෙව් විමනක් ඒ තුළ මතු වෙනවා
දෙව් දුව රහතුන් වෙත පැමිණෙනවා

මේ සෑ මළුවේ මෙතන තිබුණා විශාල තෙළඹු රුකක්.
ඒ රන් තෙළඹු රුකේ වැඩසිටි දෙව්දුව සිටි නිසා ඒ තෙළඹු
රුක කපන්නට බැරිව යනවා. රහතන් වහන්සේලා පැමිණි
විට ඒ දෙව් දුව රහතන් වහන්සේලා සමඟ කියන විස්තරය

06. තෙළිඹු රුකින් බැස රහතුන්   ගාවා
     ස්වර්ණමාලි නම් දෙව්දුව   ආවා
     රහතුන් පා වැඳ හඬ හඬ   කිව්වා
     රුක සිඳුමට නම් බැරි බව   කීවා

07. රහතුන් දෙව් දුව   සනසාලන්නේ
     වෙන විමනක් සොයලා ලැබ   දෙන්නේ
     සතුටින් යුතු ඇය එය   පිළිගන්නේ
     රහතුන් හට යලි මෙය   පවසන්නේ

08. ස්වර්ණ ගුණැති සමිඳුනි මෙය   අසලා
     ස්වර්ණ වර්ණ බුදු ගුණ කැටි   කරලා
     ස්වර්ණමාලි යන මගෙ නම   තබලා
     ස්වර්ණමාලි සෑ කළ මැන   සිතලා

09. ස්වර්ණ වර්ණ බුදු ගුණ කැටි   වෙන්නේ
     ස්වර්ණ ගුණැති රහතුන්   වඩිමින්නේ
     ස්වර්ණමාලි යන නම   තබමින්නේ
     ස්වර්ණමාලි මහ සෑය   තනන්නේ

10. අසනු මැනව මෙය   ස්වර්ණමාලියේ
     ආවෙමු අපි මෙහි   ස්වර්ණමාලියේ
     වඳිමු මුනිඳු ගුණ   ස්වර්ණමාලියේ
     වඳිමු සෑය අපි   ස්වර්ණමාලියේ

දුටුගැමුණු රජතුමා මාලිගාවට ගිහින් සුදු සේසත යට සැතැපී කල්පනා කරනවා එකසිය විසි රියන් උස ස්ථූපය හදන්නේ කොහොම ද කියලා.

01. ගැමුණු නිරිඳු බුදු ගුණ සිතමින්නේ
සිනිඳු සුමුදු යහනේ සැතපෙන්නේ
මුනි දාගැබ තැනුමට සිතමින්නේ
සුදු සේසත යට රජු සැතපෙන්නේ

02. ගෞතම අප මුනි ධාතු නිදන් කොට
ලොව්තුරු සෑයක් අහසේ මතුකොට
රැස් විහිදෙන කොත මුදුනේ සවිකොට
සෑය සදන්නට පින ඇත මා හට

03. අය බදු කිසිවක් අය නොකරන්ටයි
කිසිවෙකු හට පීඩා නොකරන්ටයි
සියලු දෙනට සැම සෙත සලසන්ටයි
දෙවියන්ගෙන් මට උදව් ලැබෙන්ටයි

04. සිතනා විට රජු මෙලෙසින් යහනේ
සිටි දෙව්දුව එහි දුරු කොට මානේ
සෑය කරන නිරිඳුට දෙන සහනේ
දෙව් දුව වැඩියා විමනක් ගානේ

05. අසනු මැනවි පින් ඇති දෙව් වරුනේ
ගැමුණු නිරිඳු කරනා පින වරුණේ
ගෞතම සසුනම බබලන කරුණේ
දෙනු මැන සහයෝගය දෙව් වරුනේ

06. දෙව් දුවගේ බස සැමට ඇසෙනවා
දෙව් විමනෙන් විමනට නද දෙනවා
සක් දෙවිඳුට මේ බව සැල වෙනවා
ගෞතම මුනිඳුගෙ බස සිහි වෙනවා

07. සක් දෙවිඳුන් දෙව් සබයට එන්නේ
දෙව් පිරිසට බුදු ගුණ පවසන්නේ
ලක්දිව ගෞතම සසුන දිලෙන්නේ
දැන් අප සැම එහි යා යුතු වන්නේ

08. විස්කම් දෙව් පුත් සිත සතුටින්නේ
සක් දෙවිඳුන් හට අවනත වන්නේ
දෙව් පිරිසක් සමඟින් එක් වන්නේ
සෑය තනන ලක්දිවට වඩින්නේ

09. ගෞතම මුනිඳුගෙ ගුණ සිහි කොට නිති
- දෙවිවරු අහසේ රැස් වෙනවා
ලෞකික ලොව්තුරු සැප සලසාලන
- සෑය බඳින්නට එක්වෙනවා

10. සව්සත පින් පල ලබන සසුන් මඟ
- බබලන ගමනට සිත්දෙනවා
ගෞතම සම්බුදු රැස් විහිදාලන
- සෑය බඳින්නට එක්වෙනවා

11. අනුරපුරේ සිට යොදුනක් ගිය විට
- ගම්භීර නමින් නදියකි ඇත්තේ
ඒ ගං ඉවුරේ ගඩොල් මැවී ඇත
- බොරුවක් නොව පවසමි සත්තේ

12. ඊසාන දෙසට තුන්යොදුනක් ගිය විට
- ආචාරවිටිය නම් ගම ඇත්තේ
රන් වන් බිජු ඇත විසිරී සැම තැන
- වියතෙ පමණ රන් බිජු ඇත්තේ

13. පෙර දිග දෙස සත් යොදුනක් ගිය කල
- තඹවිට නම් ගම හමුවෙනවා
ගෞතම මුනිඳුගෙ සෑය බඳින්නට
- තඹ ලෝකඩ එහි හමුවෙනවා

14. ගිණිකොන දෙස සිව් යොදුනක් ගිය කල
- සමන් වැවේ ගම හමුවෙනවා
ඒ වැව් තෙර වැලි අතර රුවන්සිරි
- මැණික් සියලු තැන මතුවෙනවා

15. දකුණු දෙසට අට යොදුනක් ගිය විට
- අඹටකෝල නම් ගම ඇත්තේ
එහි ඇති මහගල් ලෙනක් පුරාවට
- රිදී කඳක් මතු වී ඇත්තේ

16. බටහිර දෙස පස් යොදුනක් ගිය කල
- උරුවේල නමින් පටුනක් ඇත්තේ
මහ සයුරෙන් ගොඩ ගසා තිබෙන කඳු
- දිලෙනා මුතු පබළු ද ඇත්තේ

17. උතුරු දෙසට සත් යොදුනක් ගිය විට
- පෙලවැව නම් ගම හමුවෙනවා
එහි ගලනා දිය කඳු රැලි අතරේ
- සුවිසාල මැණික් ගල් මතුවෙනවා

18. ගැමුණු රජුට මේ ගැන සැලවෙන විට
- ලොව් තුරු බුදු ගුණ සිහිවෙනවා
ගෞතම සසුනේ සෑය බඳින්නට
- දෙව් පිරිස ද දුන් එක්වෙනවා

01. මහා සෑ තනවන බිම සරසන්නේ
මිහිරි සුවඳ මල් වට අතුරන්නේ
සෑ බිම රන් නඟුලින් සාරන්නේ
සත් රියනක පස් ඉවත් කරන්නේ

02. සුණුගල් කළුගල් ගෙන්වා ගන්නේ
යෝධ පිරිස් යොදවා කොටවන්නේ
සෑ බිම ඒ කුඩු ගල් අතුරන්නේ
ඇතුන් ලවා සොඳ ලෙස තලවන්නේ

03. පොඩි හිමිවරු හිමවතට වඩිනවා
සුවඳ රැඳුණ තෙත මැටි ගෙන එනවා
එයට ලොවේ නවනීත කියනවා
ගල් අතරේ ඒ මැටි තවරනවා

04. ඒ මත යලි කළුගල් අතුරනවා
ඇතුන් ලවා එය තද කරවනවා
සිදුරු වැසෙන්නට මැටි අතුරනවා
ලෝහ දැලක් ඒ මතට යොදනවා

05. බොරළු දමා යලි තද කරවනවා
පළිඟු මැණික් හිමවතින් ගෙනෙනවා
සුවඳ සිනිඳු මැටි එහි තවරනවා
රසදිය මැලියම් උඩට දමනවා

06. ලෝහ තහඩුවක් එහි රඳවනවා
අට අඟලක් ගනකම පවතිනවා
සිරියල් කුඩු තල තෙලින් අනනවා
තවරා තද කොට බිම සරසනවා

07. රිදී තහඩුවක් උඩින් තබනවා
අඟල් සතක ගනකමක් තිබෙනවා
මහසෑ බිම මැනවින් සකසනවා
මුල් ගල තැබුමට කල් පැමිණෙනවා

වෙසක් පුන් පොහෝ දවසේ මුල් ගල තබනා පින්කම.

01. ගෞතම මුනිඳුගෙ සසුනේ - සිත පහදා ගන්නේ
සුන්දර සිත් ඇති රහතුන් - බැහැදකින්ට යන්නේ
මුල් ගල තැබුමට සෑයේ - දිනයයි ළංවන්නේ
පුන් පොහොයට වෙසක් දිනේ - එය කළයුතු වන්නේ

02. පින්වත් මගෙ හිමිවරුනේ - අසා වදාරන්නේ
රන්මැලි මහ සෑයේ වැඩ - අරඹන්නට යන්නේ
පුන් පොහෝ දින හෙටයි අපට - වෙසක් උදාවන්නේ
මංගල මුල් ගඩොල තබන - තැනට වැඩමවන්නේ

03. රට වැසියන් සැම දෙන හට
- අඬ බෙර පතුරන්නේ
පින්වත් ජනයනි හෙට දින
- පැමිණිය යුතු වන්නේ
සිල්ගෙන පොහො දා පෙහෙවස්
- බුදු පුද කරමින්නේ

මහ සෑ මුල් ගල තබන්ට
- නිසි කල පැමිණෙන්නේ

● දැන් මහා සෑයට මුල් ගල තබනා පින්කම....

01. දෙව් විමනක් ලෙස අනුරපුරේ හැම
- මංමාවත් සැරසී යනවා
ගෞතම මුනිඳුගෙ සෑය බඳින මඟ
- පුන් කලසින් බැබලී යනවා
සුන්දර කිංකිණි ජාල සීනු හඬ
- තාලයකට නඳ දී යනවා
දෙව් පිරිස ද මල් සුවඳ සඳුන් ගෙන
- සුන්දර පිනකට එක්වෙනවා

02. නුවරට එන මහ දොරටු සතර ළඟ
- කරණවෑමියන් තබවන්නේ
වෙහෙරට එන සැම දෙනට සතුට දෙන
- රැවුල් කපා හිස සරසන්නේ
පොකුණට ගොස් දිය නා පැමිණෙන විට
- සුදුවත් අලුතින් ලැබ දෙන්නේ
පිනකට යන ගමනට එක් වෙන සැම
- සිනිඳු සුදුවතින් සැරසෙන්නේ

03. දන්සැල් පෙල දෙපසේ තනවා ඇත
- මිහිරි බසකි එහි පවසන්නේ
පින්වතුනේ අනුභව කළ මැන මෙය
- යන වදනයි සවනට එන්නේ
සන්සුන්ව ගොසින් එහි දන්සැල් වැඳගෙන
- දන් වෙන තැනකට පැමිණෙන්නේ

සුවඳ සඳුන් නිල් මහනෙල් මල් ගෙන
- මිටිය බැගින් සැමටම දෙන්නේ

04. ඇතින් සක් නද ගුවනට යනවා
- මංගල බෙර හඬ පැතිරෙනවා
හේවිසි තම්මැට හොරණෑ සද්දෙන්
- අවට ගිගුම් දී නද දෙනවා
දහස් ගණන් දෙව්ලිය සිරි පාමින්
- අඟනන් නටමින් දූන් එනවා
විදුලිය සේ අත් පා ළෙල දෙවමින්
- තාලයකට ගී පවසනවා

05. ගැමුණු නිරිඳු ඒ පිරිවර පෙරටුව
- සක්දෙව් විලසින් පැමිණෙනවා
ඇමති මැතිඳුවරු රජ පිරිවර ගෙන
- නිරිඳු පිටුපසින් එක්වෙනවා
තව්තිසාවෙ දෙව් පිරිවර විලසින්
- දුටුවන් මත්මත් කරවනවා
අරහත් මුනිවරු වෙත පැමිණෙන රජු
- වැඳගෙන මේ ලෙස පවසනවා

01. ගෞතම මුනිඳුගෙ සරණ ලබාගෙන
- සසරෙන් එතෙරට වැඩි හිමිවරුනේ
පවසාලනු මැන තුන් ලොව සැනසෙන
- සම්මා සම්බුදු මුනි ගුණ වරුණේ
ගෞතම මුනිඳුගෙ සෑය බඳින්නට
- දෙව් මිනිසුන් සැමගේ සිත හැරුනේ
වඩිනු මැනවි හිමිවරුනේ මෙබිමට
- දනෙන ලෙසට සම්බුදු ගුණ වරුණේ

02. ඉන්ද්‍රගුප්ත නම් අරහත් මා හිමි
- අසූ දහක් රහතුන් පිරිවර ගෙන
දඹදිව රජගහ නුවරින් නික්මී
- අහසින් මෙතනට වැඩමන්නේ
ධම්මසේන නම් අරහත් මාහිමි
- දොළොස්දහක රහතුන් පිරිවර ගෙන
බරණැස ඉසිපතනේ මිගදායෙන්
- අහසින් මෙතනට වැඩමන්නේ

03. පියදස්සී නම් අරහත් මාහිමි
- සැටදහසක් රහතුන් පිරිවර ගෙන
සැවැතේ දෙව්රම් වෙහෙරෙන් නික්මී
- අහසින් මෙතනට වැඩමන්නේ
මාහිමිගේ නම බුද්ධරක්ඛිත ය
- රහතුන් දහඅටදහසක් සමගින්
විසල්පුරේ මහ වනයෙන් නික්මී
- අහසින් මෙතනට වැඩමන්නේ

04. මහා ධම්මරක්ඛිත නම් මාහිමි
- තිස් දහසක් රහතුන් පිරිවර ගෙන
කොසඹෑ නුවරේ ඝෝෂිත අරමින්
- අහසින් මෙතනට වැඩමන්නේ
උදේනි නගරේ දක්ඛිණ වෙහෙරින්
- සම සතලිස් දහසක රහතුන්
මහා ධම්මරක්ඛිත හිමියන් හා
- අහසින් මෙතනට වැඩමන්නේ

05. පැළලුප් නගරේ අශෝකරාමෙන්
- එක්සිය සැට දහසක් රහතුන්

මිත්තින්න නමින් යුතු රහතුන් සමඟින්
- අහසින් මෙතනට වැඩමන්නේ
කාෂ්මීරයේ මණ්ඩල පෙදෙසින්
- දෙලක්ෂ සැට දහසක් රහතුන්
උත්තින්න නමින් යුතු රහතුන් සමඟින්
- අහසින් මෙතනට වැඩමන්නේ

06. පල්ලවභෝගේ ජනපදයේ සිට
- සාරලක්ෂ සැට දහසක් රහතුන්
මහාදේව නම් මාහිමි සමගින්
- අහසින් මෙතනට වැඩමන්නේ
යෝනක රට අලසන්දා නුවරින්
- තිස් දහසක් රහතුන් පිරිවර ගෙන
මහා ධම්මරක්ඛිත මාහිමියන්
- අහසින් මෙතනට වැඩමන්නේ

07. වින්ධ්‍යා වන වත්තනිය සෙනසුනෙන්
- උත්තර නම් රහතුන් සමඟින්
සැට දහසක් රහතුන් පිරිවර ගෙන
- අහසින් මෙතනට වැඩමන්නේ
බුද්ධගයාවේ බෝමැඩ වෙහෙරින්
- චිත්තගුත්ත රහතුන් සමඟින්
තිස් දහසක සිල් ගුණ ඇති රහතුන්
- අහසින් මෙතනට වැඩමන්නේ

08. වනවාස දෙසේ වන සෙනසුන් අරනින්
- චන්ද්‍රගුප්ත නම ඇති රහතුන්
අසූ දහක් රහතුන් පිරිවරගෙන
- අහසින් මෙතනට වැඩමන්නේ

කෛලාස විහාරෙන් හිමාලයේ සිට
- සූරියගුප්ත නම ඇති රහතුන්
අනූ දහසකින් රහතුන් සමගින්
- අහසින් මෙතනට වැඩමන්නේ

09. අපගේ මේ සිරි ලංකාදීපෙන්
- ඒ ඒ තැන පිහිටිය අරනින්
වැඩියා ගෞතම මුනිඳුගෙ සසුනේ
- සරණ ලැබූ උත්තම රහතුන්
පමණ කරන්නට නොහැකි ය ඒ සැම
- කසාවතින් බබලන රහතුන්
ගෞතම මුනිඳුගෙ සෑය බඳින දින
- රැස් විය ලෝ දස දෙස රහතුන්

ඊළඟට තියෙන්නේ රුවන්වැලි මහා සෑයේ සීමාව පිළිබඳව විස්තර. ඒ වගේ ම රහතන් වහන්සේලා දහම් දෙසූ ආකාරය ගැන විස්තර.

01. සසුනඹරේ දිලෙනා තරු වැන්නේ
සඳ එළියක් සේ එළිය කරන්නේ
හිරු රැස් විලසින් අඳුර නසන්නේ
ගෞතම බුදු සසුනයි බබලන්නේ

02. අරහත් මුනිවරු අහසේ වඩිනා
බුදු සව්වෝ වෙති මුනිඳු තිලෝනා
ගෞතම සම්බුදු සසුන බබළනා
වඳිමි රහත් සඟ නුවණින් දිලෙනා

03. ගැමුණු නිරිඳු සඟරුවන වඳින්නේ

පිපි කුසුමින් දෝතින් පුදමින්නේ
සඟ රුවනේ ආසිරි ලැබ ගන්නේ
නිරිඳු හනික සෑ බිම වෙත එන්නේ

04. රන් ටැඹ සෑ බිම මත සිටුවන්නේ
රන් නූලෙන් කෙවිටක් බඳවන්නේ
රන් රේඛාවෙන් රවුම සදන්නේ
රන්මැලි සෑ සීමා මතු වන්නේ

05. සිදුහත් නම් මහතෙරුන් වැඩමකොට
රජු සමඟින් එක් වී සෑ මළුවට
රන්මැලි සෑයට පළල නියම කොට
ආසිරි පැතුවා ගැමුණු නිරිඳු හට

01. සැදැහැ සිතින් නිරිඳුන් ඉපිලෙන්නේ
නොසැලෙන අදිටන පෙරටම ගන්නේ
බලවීරිය යුතු පින සමගින්නේ
මුල්ගල තැබුමට රජු සැරසෙන්නේ

02. දිසා අටට පුන් කලස් තබනවා
සුවඳ හමන මැටි බිම සරසනවා
නිරිඳු ගඩොල දෝතට ගෙන එනවා
පෙරදිග පෙදෙසින් ගඩොල තබනවා

03. අරහත් මුනිවරු පිරිත් කියනවා
සමන්පිච්ච මල් මළුවෙ වැටෙනවා
දෙව් බඹ අහසේ සාදු කියනවා
මිහිකත සැදැහෙන් කම්පා වෙනවා

04. ඇමතිවරුන් අත ගඩොල් තිබෙන්නේ
ඉතිරි දිසා වෙත ගමන් කරන්නේ
සැදැහැ සිතින් සැමගේ සුරතින්නේ
සුවඳ ගඩොල් මෙහි පිහිටාලන්නේ

01. සැම දෙන සතුටින් බුදුන් වඳිනවා
දහම් අසන්නට සිත යොමු වෙනවා
අරහත් මුනිවරු බවුන් වඩනවා
රහත් නමක් දූන් බණට වඩිනවා

02. පියදස්සී අරහත් මාහිමියන්
- රැස් වූ පිරිසට දහම් දෙසන විට
සතලිස් දහසක් සැදැහැවතුන් එහි
- පත් වූවා පළවෙනි මගඵලයට
සකදාගාමීවන්නට පින් ඇති
- දහසක් දෙන ඵලයට පත් වන විට
අනාගාමි ඵලයට පත් වීමෙන්
- ලැබුණි නිවන් මග දහසක් දෙන හට

03. සියළු කෙලෙස් හැම ගෙවා දැමීමෙන්
- දහසක් අරහත් ඵලයලබනවා
දහඅටදහසක් සඟ පිරිස ද එහි
- සසරින් එතෙරට ගමන් කරනවා
තුදුස් දහසකින් යුතු මෙහෙණින් එහි
- කෙලෙස් නිවා දෙන නිවන ලබනවා
එවිට සාදු හඬ ඇසුනා අහසේ
- සාදු! සාදු! බුදු සසුන දිලෙනවා

01. ගැමුණු නිරිඳු සැදැහෙන් ඉපිලෙන්නේ

- සතියක් මහ දන් පුද දෙන්නේ
සෑ බිම අවටින් මණ්ඩප තනවා
- දහඅට තැනකදි දන් දෙන්නේ
ගෞතම මුනිඳුගෙ සෑය කරන්නට
- ශිල්ප දන්න අය කැඳවන්නේ
විශ්මකර්ම දෙව්පුතු ගේ බැල්මෙන්
- විස්මිත වඩුවෙක් එහි එන්නේ

02. රන්තලියක සොඳ පැන් පුරවාගෙන
- ගැමුණු නිරිඳු වෙත පැමිණෙනවා
තව දිය දෝතක් අත රඳවා ගෙන
- ඒ පැන් මත පහරක් දෙනවා
පළිඟු ගෝලයක් විලසින් බුබුළක්
- රන්තලියෙන් මතු වී එනවා
නිරිඳුනි මේ දිය බබුල හැඩය ඇති
- රන්මැලි සෑ මා කරවනවා

03. පැහැදුනි නිරිඳුන්ගේ සිත බොහො සේ
- එළෙසින් දා ගැබ කරන ලෙසේ
මිනිසුන් නොපෙලා ගඩොල් ගෙනෙන්නේ
- සෑය තනන්නට මා කෙලෙසේ
හිතන කලට මෙත් කුලුණු යොදා සිත
- දෙව් පිරිස ද ඒ දැන සතොසේ
තැබුවා සෑයේ සිව් දොරටුව ළඟ
- සියලු ගඩොල් ගෙනැවිත් නොලසේ

01. දෙවියන්ගේ උපකාර ලබන රජු
- මෙත් සිත දස දෙස පතුරනවා
ලොවට උතුම් වූ සෑය බඳින්නට

- නොමිලේ කිසිවක් නොකරනවා
සිව් දොරටුව ළඟ සොළොස් ලක්ෂයක
- රන් කහවනු නිති තබවනවා
මිහිරි බොජුන් හා සුවඳ සඳුන් හැම
- සිරි සාර බුලත් විට එහි දෙනවා

02. ගෞතම මුනිඳුගේ සිව් වණක් පිරිස යුතු
- දෙව් මිනිස් ලොව හැම පිරිසේ
පේලි සැදී මහ සෑය බඳින සිත
- යොදවා බුදු ගුණ එක විලසේ
ගැමුණු නිරිඳුගේ තෑගි බෝග ලැබ
- දාගැබ කරවන විට සතොසේ
තනවන පේසා වළලු ගිලී යයි
- නව වාරයකට පුදුම ලෙසේ

03. ගැමුණු නිරිඳු ඒ ගැන බිය වෙනවා
- රහතුන් වැඳ එය විමසන්නේ
නිරිඳුනි ඒ ගැන බියක් නොකළ මැන
- පේසා වළලු යළි නොගිලෙන්නේ
රන්මැලි සෑයට සවි බල දෙන්නට
- සඟරුවන යි එය කරවන්නේ
සෑය බඳින වැඩ කරගෙන යනු මැන
- අප සැම දෙන එක් වී ඉන්නේ

04. සුමන උත්තර යන නමින් යුතු
- රහත් දෙනමක් වඩිමිනේ
උතුරු කුරු දිවයිනේ තිබෙනා
- මේඝ කුළුගල් දකිමිනේ
තීරු කොට එය අසූ රියනට

- ඉර්ධි බලයෙන් පළමිනේ
රැගෙන වැඩියා දිලෙන ඒ ගල්
- අහස් ගමනින් වඩිමිනේ

05. සිව් දෙසින් බැඳි මල් යහන් මත
- සෙල් මුවා පතුරක් තබා
කල්පනා කොට යහන් වටකොට
- සිව් කොනේ යලි ගල් තබා
රන් රුවන් පුරවා යහන් මත
- මුනිඳු ගුණ කඳ සිත රඳා
පව් නසාලන පින් පුරා දෙන
- වදිමු රන්මැලි සෑ බලා

රුවන්වැලි මහා සෑ වන්දනාවේ අපි මෙතෙක් කීවේ රහතන් වහන්සේලා වැඩම කරලා, මුල් ගල තැන්පත් කරලා, පේසා වළලු මට්ටමට ගොඩනංවලා ඊට පස්සේ දුටුගැමුණු මහරජ්ජුරුවෝ ධාතු ගර්භය තනවනවා. විශාල ධාතු ගර්භයක් මේ ස්ථූපය ඇතුළේ තියෙනවා. හතරැස් ධාතු ගර්භයක්. මේ ධාතු ගර්භයේ බිත්ති තනිකරම හතරැස් ගලින් තමයි සකස් කරලා තියෙන්නේ. මේ ගල් එකිනෙකට ළං වෙලා තියෙනවා කිසි සිදුරක් නැතුව. ඒ ධාතු ගර්භයේ වහළෙත් තියෙන්නේ ඒ ගල්. ධාතු ගර්භය ඇතුළට යන්න දොරටුව තියෙනවා. ඒ ධාතු ගර්භයේ මැද තනිකරම ඝන රත්තරනින් බෝධීන් වහන්සේ නමක් තනවලා තියෙනවා.

01. ධාතු ගැබ මැද රනින් නිමවා
- බෝධි රුක කරවා සොඳින්
නේක පෙනුමැති පාට මැණිකින්
- නීල කොළ දළු තනවමින්

ඈත දිලෙනා විලස හිරු සඳු
- තාරුකා තනවා සොඳින්
වාසනාවන් මෙය අසන්නට
- සාසනේ දාගැබ තුළින්

02. පෙර දිගින් වජිරාසනේ මත
- දිලෙයි බුදු පිළිමය රනින්
එතන මෑතින් සේසතක් ගෙන
- සිටී මහ බඹු සුදුවතින්
අනික්පස සක් දෙවිඳුගේ රුව
- සංඛයක් ගෙන බැති සිතින්
පඤ්චසිඛ ගන්ධර්ව දෙව් පුතු
- සිටී වීණා ගෙන අතින්

දැන් එතකොට මේ ධාතු ගර්භය ඇතුළේ රත්තරනින් කරපු බෝධි වෘක්ෂයක් තියෙනවා. ඒ බෝධි වෘක්ෂයේ කොළ නිල් මැණික් වලින් හදලා තියෙන්නේ. නැගෙනහිර පැත්තට මැණික් වලින් වජිරාසනයක් හදලා ඒ මත දුටුගැමුණු රජතුමා සනරන් පිළිමයක් හැදුවා. එතනින් ඈතට වෙන්න සුදු සේසතක් අතේ තියාගෙන සහම්පතී බ්‍රහ්මරාජයාගේ රූපය තියෙනවා. අනිත් පැත්තේ ශක්‍ර දේවේන්ද්‍රයා විජයොත් කියන සංඛය අතේ තියාගෙන ඉන්නවා. ඊළඟට පඤ්චසිඛ ගාන්ධර්ව දිව්‍ය පුත්‍රයා වීණාවක් අතින් අරන් ඉන්නවා. ඊළඟට බලමු තව මොනවද ධාතු ගර්භයේ තියෙන්නේ කියල.

03. මහා කාල නා රජුගෙ රුව ඈත - අප්සරාවන් පිරිවරා
දහසකුත් අත් මවා ගෙන ඇති - මාරයා ඈත අවිදරා
බිම්බරක් සේනාව සමගින් - මේඛලා ගිරි ඇතු අරා

විහිදුවා අප මුනිඳු බුදු රැස් - ලැබුවෙ ඒ ජය ලොව්තුරා

ඊළඟට තියෙනවා මහාකාල නා රජු ගැන. මහාකාල නා රජු තමයි බුදුරජාණන් වහන්සේ ගේ ද්‍රෝණයක් ධාතූන් වහන්සේලා පරිස්සම් කළේ. ඒ නා රජු නාග කන්‍යාවියන් පිරිවරාගෙන සිටින ආකාරය මේ ධාතු ගර්භය ඇතුළේ තියෙනවා. ඊළඟට ගිරි මේඛලා ඇතු පිට දහසක් අත් මවාගත්තු මාරයා දස බිම්බරක් මාර සේනාව සමඟ පැමිණෙද්දී බුදු රැස් විහිදුවමින් අපගේ බුදුරජාණන් වහන්සේ ලොව්තුරා බුද්ධ රාජ්‍යය ලබන ආකාරය මේ ධාතු ගර්භයේ තනවලා තියෙනවා.

04. බරණැසේ මිගදාය වනයේ
- උතුම් දම් සක් දෙසමිනේ
පංචවග්ගිය ශ්‍රමණවරුනට
- බණ කියන හැටි කරමිනේ
භද්දවග්ගිය කුල පුතුන් හැම
- යස කුමරු රුව තනමිනේ
සැට නමක් ලොව බුදු පුතුන් හැම
- විසිර යන රුව අඹමිනේ

ඊළඟට මේ ධාතු ගර්භයේ වෙන තැනක අඹලා තියෙනවා බුදුරජාණන් වහන්සේ ගේ ප්‍රථම ධර්ම දේශනාව. පඤ්ච වග්ගීය භික්ෂූන් වහන්සේලාට දම්සක් පැවතුම් සූත්‍ර දේශනාව දේශනා කරන ආකාරය මේ ධාතු ගර්භයේ තියෙනවා. යස කුල පුත්‍රයාගේ පැවිදි වීම, යස කුල පුත්‍රයා ගේ යහළුවන් පනස් හතර දෙනාගේ පැවිදි වීම, භද්දවර්ගීය කුලපුත්‍රයන්ගේ පැවිදි වීම, රහතන් වහන්සේලා හැට නමක් වූ තැනේදී බුදුරජාණන් වහන්සේ ඒ රහතන්

වහන්සේලාට දේශනා කරනවා "මහණෙනි, දිව්‍ය වූ ද, මානුෂික වූ ද, සියලු කෙලෙස් බන්ධන ඇද්ද, ඒ සියලු කෙලෙස් බන්ධන වලින් මා නිදහස් වුණා. මහණෙනි, දිව්‍ය වූ ද, මානුෂික වූ ද, කෙලෙස් බන්ධන ඇද්ද, ඒ සියලු කෙලෙස් බන්ධනයන් ගෙන් ඔබත් නිදහස් වුණා. ඒ නිසා **(දේසේථ භික්ඛවේ, ධම්මං)** මහණෙනි, මේ ධර්මය දේශනා කරන්න. මුල, මැද, අග පිරිසිදු වූ, අර්ථ සහිත වූ, පැහැදිලි වචන වලින් යුතු ඒ අමා නිවන් මග දේශනා කරන්න. දෙන්නෙක් එක මඟ නොයන්න. මහණෙනි, මේ චතුරාර්ය සත්‍යය ධර්මය දේශනා කරන්න. අවබෝධ කරන අය පහළ වෙනවා" කියල සැට නමක් රහතන් වහන්සේලා දඹදිව් තලයේ ධර්ම ප්‍රචාරයට පිටත් කොට යැවීම මේ ධාතු ගර්භයේ අඹලා තියෙනවා රත්තරනින්.

05. වඩින විට රජගහා නුවරට
- නිරිඳු බිම්සර සෙත ලබන්නේ
සිව් දිසාවෙන් වඩින සඟනට
- වේළුවන උයනයි පුදන්නේ
සාරිපුත් මුගලන් අනඳ හිමි
- අසූ මහ සව්වරු නමින්නේ
බුදු රජුන් පිරිවරා සිටිනා
- රහත් මුනිවරු මෙහි අඹන්නේ

බුදුරජාණන් වහන්සේ උරුවෙල් දනව්වට වැඩම කළා. එහිදී නදී කාශ්‍යප, ගයා කාශ්‍යප, උරුවේල කාශ්‍යප කියන ජටිලයන් දමනය කළා. එතන පිරිස දාහයි. දහසක් පිරිස ගෞතම බුද්ධ ශාසනයේ ඒහිභික්ඛු භාවයෙන් පැවිදි භාවයට පත්වුණා. ඒ දහසක් භික්ෂූන් වහන්සේලා පිරිවරාගෙන ගයාවේ ගයා ශීර්ෂයට පැමිණියා. ආදිත්ත

පරියාය සූත්‍රය දේශනා කළා. ඒ දහස් නමම අරහත්වයට පත්වුණා. ඒ රහතන් වහන්සේලා දහස පිරිවරාගෙන භාග්‍යවත් බුදුරජාණන් වහන්සේ රජගහ නුවරට වඩිද්දී කොයිතරම් ලස්සනට තියෙන්නට ඇද්ද?

බිම්බිසාර රජතුමා පැහැදුණා. චතුරාර්ය සත්‍යය ධර්මයේ සත්‍යය ඤාණය අවබෝධ වුණා. සෝතාපන්න වුනා. වේළුවනෝද්‍යානය බුද්ධ ශාසනයට පූජා කළා. ඊළඟට සාරිපුත්ත, මොග්ගල්ලාන, ආනන්ද, නන්ද, රාහුල, මහා කාශ්‍යප, මහා චුන්ද, අනුරුද්ධ ආදී අසූ මහ රහතන් වහන්සේලාගේ ප්‍රතිමා මේ ධාතු ගර්භයේ අඹලා තියෙනවා.

06. රුවන් සක්මන මෙහි තනන්නේ
- කිඹුල්වත් පුර ගොඩ නගන්නේ
නන්ද රාහුල කුමරුවන්ගේ
- පැවිදි බව කැටයම් කරන්නේ
අනේපිඬු සිටු රනින් තැවරූ
- ජේතකුමරුගෙ බිම සදන්නේ
ගඳ කිළිය හා අනඳ බෝධිය
- සමඟ දෙව්රම මෙහි කරන්නේ

බුදුරජාණන් වහන්සේ යමක මහා ප්‍රාතිහාර්යය පාලා රුවන් සක්මනින් අහසේ රත්තරන්, මැණික් වලින් සක්මනක් මවලා බුදුරජාණන් වහන්සේලා දෙනමක් වැඩසිටින ආකාරයේ රුවන් සක්මන මේ ධාතු ගර්භයේ තනවලා තියෙනවා. බුදුරජාණන් වහන්සේගේ කිඹුල්වත්පුර වැඩි ගමන මේ ධාතු ගර්භයේ තනවලා තියෙනවා. රාහුල කුමාරයාගේ පැවිදි බව, නන්ද කුමාරයාගේ පැවිදි බව

මේ ධාතු ගර්භයේ කැටයම් කරලා තියෙනවා. අනේපිඬු සිටුතුමා කහවණු අතුරා ජේත කුමරුගේ බිම රැගෙන ගන්ධ කුටිය, ආනන්ද කුටිය කරවලා ජේතවනය, දෙව්රම් වෙහෙර කරවීම මේ ධාතු ගර්භයේ තියෙනවා.

පින්වතුනි, දුටුගැමුණු රජතුමාට මොන විදිහේ ශ්‍රද්ධාවක් තියෙන්න ඇද්ද? මොන තරම් ධනය තියෙන්න ඇද්ද? මෙවැනි දේවල් කරන්න.

07. දෙව් ලොවේ වස් වසා සංකස්
- වඩින'යුරු කැටයම් කරන්නේ
කිඹුල්වත මහාසමය දෙසුම ද
- රාහුලෝවාදය කරන්නේ
මහා මංගල රතන පිරිත ද
- අඟුල්මල් දමනය කරන්නේ
ආළවක අපලාල නා රජු
- සච්චකගෙ දමනය අඹන්නේ

ඒ වගේම මේ ධාතු ගර්භයේ බුදුරජාණන් වහන්සේ දෙව් ලොව වස් වසලා සංකස්ස නුවරට වඩින ආකාරය අඹලා තියෙනවා. කිඹුල්වත්පුර මහා වනයේ මහා සමය සූත්‍ර දේශනාව කරද්දී දස දහසක් ලෝක ධාතුවල දෙවිවරු ඇවිදිල්ලා රැස්වුන ආකාරය, එක්දහස් දෙසිය පනහක් මහරහතන් වහන්සේලා පිරිවරාගෙන බුදුරජාණන් වහන්සේ ඒ දෙවිවරුන්ගේ නම් ගොත් පවසනවා. එය මෙහි අඹලා තියෙනවා. රාහුල ස්වාමීන් වහන්සේට අවවාද කිරීම මෙහි අඹලා තියෙනවා.

දෙව්ලොව දෙවියන් බුදුරජාණන් වහන්සේගෙන්

මංගල කාරණා අහනවා. එය මෙහි අඹලා තියෙනවා. බුදුරජාණන් වහන්සේ විසින් වදාළ රතන සූත්‍ර දේශනාව පාත්‍රයකට පැන් රැගෙන පිරිත් කරමින් ආනන්ද ස්වාමීන් වහන්සේ විශාලා මහනුවර පිරිත් පැන් ඉසින ආකාරය මෙහි අඹලා තියෙනවා. අංගුලිමාල දමනය කරන ආකාරය මෙහි අඹා තියෙනවා. ආලවක දමනය මෙහි අඹා තියෙනවා. අපලාල නා රජු දමනය කිරීම, සච්චක දමනය කිරීම, බුදුරජාණන් වහන්සේ ගේ චරිතයේ විශේෂ අවස්ථා මෙහි අඹා තියෙනවා.

08. බාවරී බමුණුගේ පුවත ද
- පරායන දෙසුමන් අඹන්නේ
යමක මහ පෙළහරේ පුවත ද
- අඹ රුකක් සෙවණේ තනන්නේ
දෙව් බඹුන් බණ අසන අයුරු ද
- මෙහි රනින් කරවා තබන්නේ
දඹදිවේ බුදු සිරිත බැබලුන
- සිරිය මෙහි කැටයම් කරන්නේ

බාවරී කියන බ්‍රාහ්මණයාට ශිෂ්‍යයන් දහසය දෙනෙක් හිටියා. මේ ශිෂ්‍යයන් දහසය දෙනා බුදුරජාණන් වහන්සේ ළඟට ඇවිදින් අරහත්වයට පත්වෙලා අසූමහා ශ්‍රාවකයන්ගේ කොටසට අයිති වුණා. ඒ සඳහා දේශනා කළ දෙසුම් පාරායන වර්ගයයි. එය මෙහි අඹා තියෙනවා. බුදුරජාණන් වහන්සේ සැවැත් නුවර ගන්ඩබ්බ කියන අඹරුක් සෙවනේ යමක මහා ප්‍රාතිහාර්යය පාන ආකාරය මෙහි කැටයම් කොට තිබෙනවා. ඒ වගේම බුදුරජාණන් වහන්සේ ගෙන් ධර්මය අසන්නට දෙවියන් බඹුන් පැමිණ ධර්මය අසන ආකාරය මෙහි කැටයම් කොට තිබෙනවා.

09. මරුගෙ ඇරයුම අනුව ආයුෂ
- අත්හළේ මුනිඳුන් එදා
චුන්ද කුමරුගෙ දන් ලබා ගෙන
- ගිලන් කයකින් වඩින දා
අනඳ හිමි දුන් පැන් ද වළඳා
- කකුත්ථා ගං තෙර එදා
වැඩ සිටින විට මල්ල කුමරුන්
- ඇඹුවෙ රන් සළු පිදුව දා

මාරයා ආරාධනා කළා බුදුරජාණන් වහන්සේට "ස්වාමීනී, භාග්‍යවතුන් වහන්ස, දැන් ඉතින් භාග්‍යවතුන් වහන්සේ පිරිනිවන් පානා සේක්වා! සුගතයන් වහන්සේ පිරිනිවන් පානා සේක්වා!" කියල. බුදුරජාණන් වහන්සේට මාරයා කියා හිටියා, "ස්වාමීනී, භාග්‍යවතුන් වහන්ස, භාග්‍යවතුන් වහන්සේගේ ශාසනයේ භික්ෂු, භික්ෂුණී, උපාසක, උපාසිකා කියන සිව්වණක් පිරිස ධර්මධරයි, විනයධරයි, ව්‍යක්තයි, විශාරදයි, බහුශ්‍රැතයි. ඒ සිව්වණක් පිරිසම උපන් ශාසනයට හානිකරන මතයන් නැතිකරලා ශාසනික මතය මතු කරන්නට දක්ෂයි. මේ ශාසනය දැන් සමෘද්ධයි. ලොව පුරා බබලනවා. ඒ නිසා භාග්‍යවතුන් වහන්ස, පිරිනිවන් පානා සේක්වා" කියල ආරාධනා කළා.

ඒ ඇරයුම ලබාගෙන බුදුරජාණන් වහන්සේ ලෝකය කෙරෙහි කරුණාවෙන් කල්පනා කළා දැන් බුද්ධ කෘත්‍යය සම්පූර්ණයි. ඒ නිසා මා පිරිනිවන් පානවා කියල අධිෂ්ඨාන කළා. බුදුරජාණන් වහන්සේට අවසන් දාන වේල පූජා කළේ චුන්දකර්මාර පුත්‍රය. ඊට පස්සේ බුදුරජාණන් වහන්සේට ලෝහිත පක්ඛන්දිකා කියන රෝගය වැළඳුණා. උන්වහන්සේ ගිලන් වූ ශරීරයකින් තමයි කුසිනාරාව දක්වා

වැඩම කළේ. උන්වහන්සේට පිපාසය හැදුණා. කලන්තය හැදුණා. ආනන්ද ස්වාමීන් වහන්සේ ගෙන් පැන් ඉල්ලා වැළඳුවා. බුදුරජාණන් වහන්සේ භික්ෂූන් වහන්සේලා සමඟ භාවනාවෙන් වැඩසිටිද්දී පුක්කුසමල්ල කුමාරුන් රන් සළුවක් බුදුරජාණන් වහන්සේට පූජා කළා. එය මේ ධාතු ගර්භයේ අඹා තිබෙනවා.

10. නුවර කුසිනාරා උයන් බිම
- පිපුණු සල් රුක් යුගල සෙවණේ
උතුරු දෙස හිස දමා සැතපී
- මුනිඳු අවසන් දෙසුම කෙරුණේ
දෙව් මිනිස් හැම දෑත් හිස් බැඳ
- හඬන විට දුක් කඳුළු මතිනේ
වැටුණි සල් මල් පිපී අකලට
- මුනිඳුගේ බුදු දෙනෙත වැසුණේ

කුසිනාරාවේ පිපුණු සල්රුක් සෙවණේ අපගේ බුදුරජාණන් වහන්සේ උතුරු දෙසට හිස දමා පිරිනිවන් මඤ්චකයේ සැතැපුණු මොහොතේ දෙව් මිනිසුන් හඬා වැටෙද්දී අකලට සල් මල් පිපී ගිලිහී යන ආකාරය, බුදුරජාණන් වහන්සේගේ දෙනෙත් පියවී ඇති ආකාරය, මේ ධාතු ගර්භයේ අඹලා තියෙනවා.

11. මහ කස්සප තෙරුන් වැඩ එහි
- සිරිපතුල් සිප වැළඳ වැටුණේ
සඳුන් දර සෑ මත රඳා සිටි
- බුදු සිරුර ගිනි දැළින් වැසුණේ
ද්‍රෝණ අටකින් ධාතු සැදෙමින්
- මුනිඳුගේ බුදු සිරුර දැවුණේ

ද්‍රෝණ බමුණා ධාතු බෙදමින්
- සිටින'යුරු සෑ ගැබෙහි මැවුනේ

බුදුරජාණන් වහන්සේ පිරිනිවන් පා වදාළ බව මහා කාශ්‍යප මහරහතන් වහන්සේ දන්නෙ නෑ. දෙවියන් තමයි දැනුම් දුන්නේ බුදුරජාණන් වහන්සේ පිරිනිවන් පෑවා කියල. මහා කාශ්‍යප මහරහතන් වහන්සේ භික්ෂූන් වහන්සේලා සමඟ ශාස්තෘන් වහන්සේගේ ශ්‍රී දේහය බලන්නට පැමිණෙද්දී කෙනෙක් හම්බවුණා පාරේදී. තව්තිසා දිව්‍ය ලෝකෙන් ගිලිහී වැටුණු මදාරා මලක් ඒ පින්වතාගෙ අතේ තිබුණා. මහා කාශ්‍යප මහරහතන් වහන්සේට පෙන්නලා කියනවා ස්වාමීනී, මේ මදාරා මල මම ඇහිඳගත්තේ බුදුරජාණන් වහන්සේගේ ශ්‍රී දේහය ළඟින්. දැන් උන්වහන්සේ පිරිනිවන් පාලා. දවස් හතක් වෙනවා. මහා කාශ්‍යප මහරහතන් වහන්සේ වඩිනකම් බුද්ධ ශරීරය දැල්වුණේ නෑ. දෙවියන් බුද්ධ ශරීරය දැල්වෙන්නට ඉඩතිබ්බේ නෑ. මහා කාශ්‍යප මහරහතන් වහන්සේ වැඩම කොට බුදුරජාණන් වහන්සේගේ ශ්‍රී පතුල් වන්දනා කොට අවසන් වීමත් සමඟ ඉර්ධි බලයෙන් සෑය ඇවිලුණා.

ඒ සඳුන් දර සෑය ගිනි අරගෙන, ද්‍රෝණ අටක් ධාතූන් වහන්සේ ඉතිරිවුණා. ද්‍රෝණ නම් බමුණා ඒ ධාතූන් වහන්සේලා බෙදා දෙන ආකාරය මේ ධාතු ගර්භයේ අඹලා තියෙනවා රත්තරනින්.

12. පෙර භවේ අප මුනිඳු මෙලොවේ
- නිරිඳු වෙසතුරු ලෙසින් සිටි කල
බෙදූ දන් අනුහසින් තුසිතේ
- සන්තුසිත දෙව්කුමරු විය බල

එයින් සැව මායා බිසව් කුස
- ලබා පිළිසිඳ සිටින මනකල
වෙසක් දින ලුම්බිණී උයනේ
- වඩින'යුරු විය ධාතු ගැබ තුළ

බුදුරජාණන් වහන්සේගේ බෝධිසත්ව කාලෙ අවසාන ආත්මභාවය වෙස්සන්තර ආත්මයයි. එහිදී මහා පොළොව කම්පා කරවමින් මහදන් පූජා කොට තුසිත දෙව් ලොව ඉපදී සන්තුසිත නමින් දිව්‍ය කුමාරයා වෙලා උපන්නා. ඉන්පසු කාලය, දීපය, දේශය, කුලය, මව් යන පස් මහ බැලුම් බලා අප මහා බෝසතාණන් වහන්සේ ලොවෙහි පින්වත් මැණියන් වන මහාමායා බිසවුන් වහන්සේ කුස පිළිසිඳ ගෙන සොඳුරුව වැඩී දසමසක් ඇවෑමෙන් වෙසක් පුන් පොහෝ දවසේ බෝසත් පුත් කුමරා උපන් අයුරු මේ ධාතු ගර්භයේ රත්තරනින් අඹා තියෙනවා.

13. සිදුහත් රුව සඟ රනින් තනන්නේ
යසෝදරා හා අතිනත ගන්නේ
විසිනව විය තෙක් ගිහිව සිටින්නේ
නිවන සොයා වනයට පිවිසෙන්නේ

එතකොට සිදුහත් කුමාරයා යශෝදරා කුමරිය සමඟ අතිනත ගන්නා විවාහ මංගලෝත්සවය මේ ධාතු ගර්භයේ අඹා තියෙනවා. වයස විසි නවයේ දී දෙවියන් විසින් පෙන්වන ලද සතර පෙරනිමිති දැක සියලු සත්වයන්ට යහපත පිණිස අභිනිෂ්ක්‍රමණය කරන අයුරු ධාතු ගර්භයේ තනා තිබෙනවා.

14. ශ්‍රමණ වෙසක් ගෙන තපස් කරන්නේ

අපමණ දුක් කම්කටොළු දෙමින්නේ
සය වසරක කාලයක් ගෙවන්නේ
නිවනට යන මඟ පමණි සොයන්නේ

සය වසක් දුෂ්කර ක්‍රියා කරන ආකාරය මේ ධාතු ගර්භයේ රනින් තනා තියෙනවා.

15. මහබෝ මැඩ වෙත මුනිඳු වඩින්නේ
විදුරසුනේ කුසතණ අතුරන්නේ
තිරසර අදිටන මතුවී එන්නේ
පළඟක් බැඳ භාවනා කරන්නේ

ජය ශ්‍රී මහා බෝධීන් වහන්සේ ළඟට පැමිණෙන බෝසතාණන් වහන්සේ වජ්‍රාසනය මත කුසතණ අතුරා චතුරංග සමන්නාගත වීරියෙන් යුතුව පළඟක් බැඳ වාඩි වී සිටින අයුරු මෙහි අඹා තියෙනවා.

16. දහසක් අත් මවමින් මරු එන්නේ
ගිරි මේඛලා ඇතු පිට නඟිමින්නේ
පිරිවර දසබිම්බරක් සිටින්නේ
නිවන් මඟට හැම අකුල් හෙලන්නේ

17. පාරමිතා බල මතු වී එනවා
සීල සමාධිය නුවණ වැඩෙනවා
සම්මා සම්බුදු පදවි ලබනවා
අපගේ ගෞතම මුනිඳු දිනනවා

18. දෙවිවරු වීණා ගෙන සැරසෙනවා
සුවඳ මලින් මල් මාල ගොතනවා

කැඩපත් ගෙන මුතු වැල් අමුණනවා
සෑ ගැබ තුළ දෙව් රූ බබලනවා

19. සුවඳ තෙලින් යුතු පහන් දිලෙනවා
සසුන තිබෙන තුරු එළි විහිදෙනවා
සුවඳ සඳුන් මැටි එහි තවරනවා
සසුන තිබෙන තුරු සුවඳ හමනවා

20. රහතුන්ගේ ඉර්ධිය එක් වෙනවා
දෙවියන්ගේ ඉර්ධිය එක් වෙනවා
ගැමුණු රජුගෙ ඉර්ධිය එක් වෙනවා
මහසෑයේ දාගැබ තැන වෙනවා

දැන් පින්වත්නි, ධාතු ගර්භය හදල ඉවරයි. ධාතු ගර්භයේ සියලු කටයුතු සම්පූර්ණ කරල ඉවරයි. දැන් තිබෙන්නේ ධාතූන් වහන්සේලා සොයා ගැනීම. තවම ධාතූන් වහන්සේලා නෑ. ධාතු ගර්භය හැදුවා. දැන් ධාතු ගර්භයේ ධාතූන් වහන්සේලා නිදන් කරන්නෙ හෙට. හෙට දවසේ ධාතූන් වහන්සේලා නිදන් කරන්න ධාතූන් වහන්සේලා නෑ. රහතන් වහන්සේලා වැඳලා දුටුගැමුණු රජතුමා කියා සිටිනවා ධාතූන් වහන්සේලා ලබාදෙන්න කියලා.

01. ගාමිණී නිරිඳු රහතුන් වැඳ කී මෙලෙසින්
සම්දුනි ධාතු ගැබ මම නිම කළෙමි සොඳින්
සමණිඳු අප මුනිඳුගේ ධාතු ලැබුනොතින්
කරනෙමි සුවාමිනි හෙට මුනි ධාතු නිධන්

02. බෝමලුවට එදා රහතුන් රැස් වන්නේ

සෝණුත්තර නමින් සිටි හිමි කැඳවන්නේ
වෙහෙසක් නොගෙන නා ලොව යා යුතු වන්නේ
ද්‍රෝණක් මුනි ධාතු හනිකට ගෙන එන්නේ

බෝ මළුවට රැස් වූ රහතන් වහන්සේලා බැලුවා ද්‍රෝණයක් ධාතුන් වහන්සේලා තියෙන්නෙ කොහෙද? නාග ලෝකෙ. රාම ග්‍රාම ස්ථූපයෙන් බිඳිලා ගිය ධාතු කරඬුව නා රජවරු නාගලෝකෙ වන්දනා කරනවා. රුවන්වැලි මහා සෑයට නියම වෙච්ච බුදුරජාණන් වහන්සේ වෙන්කරපු ධාතුන් වහන්සේලා වැඩසිටින්නේ නාග ලෝකෙ.

රහතන් වහන්සේලා බැලුවා කවුද මේ නාග ලෝකෙ ධාතුන් වහන්සේලා රැගෙන එන්නට සුදුසු කියල. කාටද පින තියෙන්නෙ කියල. පින තියෙන කෙනා එතන වැඩසිටියා. ඒ තමයි සෝණුත්තර රහතන් වහන්සේ. දැන් බලමු කොහොමද ඒක වුණේ කියල.

03. නා ලොව ඇති ධාතු ගෙන එනු පිණිස යන
සෝණුත්තර හිමිට කෙලෙස ද ලැබුණෙ පින
ඒ ගැන දැන ගන්න සවනත යොමනු මැන
පවසමි රහත් හිමි කළ පෙර දිනක පින

දැන් බලන්න ඒ පින ලැබුණු හැටි. ගෞතම බුදුරජාණන් වහන්සේ දඹදිව වැඩසිටිද්දී බරණැස හිටපු නන්දුත්තර කියල තරුණයෙක් තමයි ලංකාවෙ ඉපදිලා සෝණුත්තර කියන රහතන් වහන්සේ වුණේ.

04. ගෞතම මුනිඳු වැඩසිටි දඹදිව එකලේ
නන්දුත්තර නමින් තරුණෙකි බමුණු කුලේ

රන්වන් බුදුරුවට පැහැදී සිටිය කලේ
දන් පැන් පුදන්නට විය බුදු බණට ලොලේ

ඉතාම ශ්‍රද්ධාවන්තයි. දන්පැන් පූජා කරනවා නිතරම. එදා බුදුරජාණන් වහන්සේ සඟ පිරිසත් සමඟ ගංගා නම් ගඟේ නැවක නැගලා වඩිද්දී භද්දජී කියන රහතන් වහන්සේ පනාද කියල නා රජ කෙනෙකුට රන්වන් මාළිග යක් තිබුණ. ඒ මාළිගය ගංගා නම් ගඟේ ගිලිල තියෙනවා. ඒ ගිළුණු තැන සුළියක් කැරකෙනවා. අන්න ඒක දැකපු විස්තරේ දැන් අපි බලමු.

05. ගං තෙර වැඩිය බුදු සමිඳුන් එක් දිනක
සඟ පිරිස ද කැටිව යන විට නැග නැවක
ගඟ මැද දිය අතර කැළඹුන සුළිය දැක
භද්දජි නම් සමිඳු මෙය පැවසී නිසැක

දැන් භද්දජී කියන රහතන් වහන්සේ තමන්ගේ පෙර ජීවිතය ගැන විස්තර භික්ෂූන් වහන්සේලාට මෙහෙම කියනවා.

06. පින්වත් හිමිවරුනි මා පෙර භවයකදී
මහ පනාද නමින් රජ කළ යුගයකදී
වාසය කළ මාලිගය ඇත මෙහි කිමිදී
ඔය දිය සුළි නැගෙයි එහි කොත් මුදුනෙ වැදී

එතකොට ඒ දිය සුළිය නැගෙන්නේ මහා පනාද නා රජ්ජුරුවන් ගේ මාලිගාවේ කොතේ වැදිලා. භික්ෂූන් වහන්සේලා විශ්වාස කළේ නැහැ. බුදුරජාණන් වහන්සේට භික්ෂූන් වහන්සේලා කිව්වා ඒක. එතකොට බුදුරජාණන්

වහන්සේ ප්‍රකාශ කළා භද්දජි ස්වාමීන් වහන්සේට මේ මහා පනාද මාලිගය වතුරෙන් ගොඩට අරගෙන පෙන්නන්න කියල.

07. අන් හිමිවරුන් හට එහි සැක මතු වන්නේ
ගෞතම මුනිඳු හට මේ ගැන පවසන්නේ
භික්ෂුව ඔබ ඒ පහය දූන් ගොඩ අරගන්නේ
පෙන්වා එය සැකය දුරු කළ යුතු වන්නේ

08. සැණෙකින් භද්දජි හිමි වැඩ නිල් අහසේ
අතකින් සියුම් ගෙන සළුමිණි සෑ නොලසේ
ගුවනින් වැඩම කොට එය පෙන්වා රිසි සේ
මෙලොවින් නැවත බඹ ලොව රැඳවී පෙර සේ

ඒ ක්ෂණයෙන්ම භද්දජී රහතන් වහන්සේ ඉර්ධි බලයෙන් අහසට පැන නැංගා. බ්‍රහ්ම ලෝකෙ තමයි සළුමිණි මහා සෑය තියෙන්නේ. සියුම් අතක් මවල, තමන්ගේ අල්ලට සළුමිණි මහා සෑය අරගෙන ඇවිල්ල මේ ආකාසේ පෙන්නුවා ඒ භද්දජී රහතන් වහන්සේ. පෙන්නලා ඒ සළුමිණි මහා සෑය බ්‍රහ්ම ලෝකේ තැන්පත් කළා. ඊට පස්සේ භද්දජී මහරහතන් වහන්සේ කුමක් ද කළේ බලමු.

09. ගංගා දියේ ඇවිදින සක්මන් කරන
හිමියන් පා ඇඟිලි ගෙන දිය මත තෙමන
පටලා කොත් මුදුන ඒ පහයේ ගිලුන
ඇද්දා උඩට පෙන්වන්නට රජ විමන

ඊට පස්සේ භද්දජී රහතන් වහන්සේ ගංගා නම් ගඟේ

සක්මන් කරන්නට පටන් ගත්තා. සක්මන් කරලා ඇඟිලි තුඩු තෙමලා මහපට ඇඟිල්ල ඉර්ධි බලයෙන් අර කොතේ පටලවලා අහස උඩට ඉස්සුවා.

10. නැවතත් සෙමින් එය පහතට දමමින්නේ
තැන්පත් කොට ජලය නොම විසුරුවමින්නේ
වඩිමින් බුදු සමිඳු වඳිමින් පුද දෙන්නේ
දකිමින් සෙනඟ මෙය සතුටින් ඉපිලෙන්නේ

ආයෙත් ඒ මහාපනාද රජ්ජුරුවන්ගේ මාලිගය තැන්පත් කරලා බුදුරජාණන් වහන්සේට වන්දනා කරන කොට අන්න එතන හිටියා අර තරුණයා. ඒ තරුණයා බුදුරජාණන් වහන්සේට දන් පැන් පුදලා අනේ මටත් මෙවැනි ඉර්ධිබලයක් ලබාදෙන්න, මටත් විස්මිත ඉර්ධිබලයක් ලැබෙන්න කියලා ප්‍රාර්ථනා කළා.

11. මෙය දුටු තරුණයා දන් පැන් පුදා තව
පැතුවා ලබන්නට ඒ ඉර්ධි බල තව
ලබමින් යළි උපත සිරිලක දි පැවිදිව
අරහත් වීය විස්මිත ඉර්ධිය ඇතිව

බලන්න පිනේ මහිමය. ඒ තරුණයා ගෞතම බුදුරජාණන් වහන්සේට, රහතන් වහන්සේලාට උපස්ථාන කරලා අනුරාධපුරයේ ඉපදුණා. අනුරාධපුරයේ ඉපදිලා පැවිදි වුණා සෝණුත්තර කියන නමින්. ඉර්ධිබල සම්පන්න මහරහතන් වහන්සේ නමක් වෙලා ඒ සෝණුත්තර රහතන් වහන්සේට තමයි නියම වුණේ ධාතූන් වහන්සේලා ගේන්න.

01. පොළොවේ කිමිද හිමියන් නා ලොවට වැඩ
දමනය කරන්නට නා රජවරුන් සැඩ
සොයමින් නා විමනෙ යන විට ලබා ඉඩ
දුටුවා නා රජුන් හිමි නම වඩින හැඩ

එතනම පොළොව කිමිදුණා. මේ මහා විහාර මළුවෙ පොළොවෙ කිමිදිලා ඒ සෝණුත්තර රහතන් වහන්සේ නාග ලෝකයට වැඩම කළා. එතකොට නා රජවරු දැකල සැකකළා මේ නම් එන්නේ අමුතු ගමනක් කියලා.

02. පින්වත් නා රජුනි සිරිලක ඉදි කරන
රන්වැලි මහා සෑය තුළ තැන්පත් කරන
ද්‍රෝණක් මුනි ධාතු කරඬුව තුළ රැඳුන
ගෙන යමි එය මෙමා හට දැන් පුදනු මැන

දැන් මහාකාල නා රජු හම්බවෙන්න ගිහින් සෝණුත්තර මහරහතන් වහන්සේ කෙළින් ම කිව්වා "මහරජතුමනි, ද්‍රෝණයක් ධාතූන් වහන්සේලා දැන් ඔබතුමා ළඟ තියෙනවා. රුවන්වැලි මහා සෑය හදල, ධාතු ගර්භය හදල දැන් සම්පූර්ණයි. දැන් මේ ධාතූන් වහන්සේලා ඒ මහා සෑයේ තැන්පත් කරන්න ඕන. ඒ ධාතූන් වහන්සේලා ගෙනියන්නයි මං ආවෙ. මට ධාතූන් වහන්සේලා දෙන්න" කිව්වා.

එතකොට නා රජ්ජුරුවො මොකද කළේ, ඇහෙන් ඉඟියක් කළා වාසුළදත්ත කියන තමන්ගේ සහෝදර නාගරාජයාට ඉක්මනින් මේ ධාතූන් වහන්සේලා තියෙන කරඬුව හංගාපන්. ධාතූන් වහන්සේලා ගෙනියන්න මෙන්න ශ්‍රමණයෙක් ඇවිල්ලා. මේ ශ්‍රමණයාගේ ඇහැට

මුරිච්චි වෙන්න තියන්න එපා. එතකොට ඒ වාසුළදත්ත කියන නාගරාජයා යොදුන් තුන්සියක් විශාල නාගවේශයක් මවාගෙන අර මැණික් කරඬුව ගිල්ලා. ගිලලා මහාමේරු පර්වතය වටේට දරණ ගහගෙන වගක් නැතිව කරබාගෙන ගොරව ගොරව නිදියන්න පටන් ගත්තා.

දැන් බලන්න කොයිතරම් බලසම්පන්න භික්ෂුවක් වෙන්න ඕනෙද මේ වැඩේ කරන්න.

03. අසමින් භික්ෂුවගෙ බස රජු රවමින්නේ
ඉඟි කළ විටදි සොයුරු රජ හට සැණෙකින්නේ
මවමින් තුන්සියක් යොදුනැති විලසින්නේ
ගිල්ලා කරඬුව ද රහසින් රැක ගන්නේ

04. මහමෙර මත වෙලා දරණය සකස් කොට
සිටියා වාසුදත් රජු යොදුනක් දුරට
මතුකොට පෙණ මඬුළු දහසක් ලෙස යසට
සයනය කළා ගිනි දැල් දුම් යවා පිට

එතකොට බලන්න මේ නා රජවරු කොයිතරම් බලසම්පන්නද? නා රජවරුන්ගේ ඉර්ධිය කොයිතරම් බලසම්පන්නද බලන්න. මේ වාසුළදත්ත කියන නා රජු අර කරඬුව ගිලලා මහාමේරු පර්වතය වෙලා ගෙන පෙණ මඬුළු දහසක් මවාගෙන ගිනි දැල් පිටකරමින් නිදාගෙන හිටියා.

05. රහතුන්ගේ වචන නා රජු නොඅසන්නේ
වෙන වෙන කරුණු කියමින් මඟ හරිමින්නේ
කරඬුව තබා සිටි මැදුරට පිවිසෙන්නේ
මැණිකෙන් දිලෙන සෑ හිමි හට පෙන්වන්නේ
දැන් මහාකාල නා රජ්ජුරුවො මොකද කළේ, මේ

කරඬුව හැංගූ බව වගක් නැතිව සෝණුත්තර මහරහතන් වහන්සේව එක්කරගෙන ගියා කරඬුව තියල පුදපූජා පැවැත්වුව තැනට. එතන මැණික් කරඬුව තියෙනවා. ධාතුන් වහන්සේලා නෑ. ඉතින් මේ මැණික් පෙන්නලා, කරඬුව පෙන්නලා නා රජ්ජුරුවෝ මෙහෙම කියනවා.

06. හිමියනි බලනු මැන මෙහි මිණි මුතු දිලෙන
ලක්දිව සියලු සම්පතට ද සම නොවන
එනිසා තව වරක් මේ ගැන සිතනු මැන
මහ පුද නොමැති තැනකට නොගෙන යනු මැන

එතකොට නා රජ්ජුරුවො කියනවා මේ බලන්න ස්වාමීනී, මේ මුතු මැණික් දිහා බලන්න. ලංකාවේම සම්පත් එකතු කළත් මෙච්චර වටිනවද? ඒ නිසා මේ පුද පූජා තියෙන තැනින් අයින් කරලා අඩුවෙන් පුද පූජා තියෙන තැනකට ඇයි ධාතුන් වහන්සේලා අරගෙන යන්නේ? දෙවරක් හිතන්න කියල කියනවා.

එතකොට සෝණුත්තර මහරහතන් වහන්සේ බොහොම ලස්සන උත්තරයක් නා රජ්ජුරුවන්ට දෙනවා.

07. නා රජ තුමනි එලෙසින් නොසිතුව මැනව
මනු ලොව සිටින ජනයා දහමට නතුව
ලැබගති නිවන හා මගඵල බල ඇතිව
එනිසා මුනි ධාතු අප හට දෙනු මැනව

08. දහමේ හැසිරුණත් නා ලොව සැම දෙනම
ලැබ ගත නොහැක මගඵල මෙම භවයෙදිම
එනිසා බුදු සමිඳු ද්‍රෝණක් ධාතු හැම
වෙන් කොට වදාළේ මහ සෑය පිණිසම

නා රජවරුන්ට කියනවා නා රජවරුනි, සියලුම

නාගයින් ධර්මයේ හැසිරුනත් මාර්ගඵල ලබන්න බැහැ. බුදුරජාණන් වහන්සේ ද්‍රෝණයක් ධාතූන් වහන්සේලා වෙන් කළේ සීහල දීපයේ තනවන මහා සෑයේ ධාතු නිධානයටයි.

09. කොතෙකුත් කීවත් රජු නාසන්නේ
දෙන්නට ධාතූන් නැතැයි කියන්නේ
තිබෙනා තැනෙකින් ගන්න කියන්නේ
මා ළඟ ධාතූන් නැතැයි කියන්නේ

රජ්ජුරුවෝ කියනවා හැම තිස්සේම මා ළඟ ස්වාමීනී, ධාතූන් වහන්සේලා නෑ. ධාතූන් වහන්සේලා තියෙනවා නම් තියෙන තැනකින් අරගෙන වඩින්න. ඉතින් සෝණුත්තර රහතන් වහන්සේ මොකද කළේ?

10. සියුම් අතක් හිමියන් මවමින්නේ
නිදා සිටින නා රජුට යොමන්නේ
කුස තුළ ඇති කරඬුව අරගන්නේ
මහ වෙහෙරෙන් හිමියන් මතු වෙන්නේ

සෝණුත්තර රහතන් වහන්සේ පෙණ මඬුලු දාහක් මවාගෙන ගිනි දැල් පිටකරමින් සිටිය වාසුලදත්ත නා රජ්ජුරුවන්ගේ කුස තුළ තිබුණු ද්‍රෝණයක් ධාතූන් වහන්සේලා සිටිය කරඬුව සියුම් අතක් මවලා ගත්තා. අරගෙන මේ මහා සෑයේ තැන්පත් කරන්නට මහා විහාරයේ පොළොවෙන් මතුවුණා.

සෝණුත්තර මහ රහතන් වහන්සේ නොපෙනී ගියා. නා රජ්ජුරුවෝ හිතුවා හරි, අපි ශ්‍රමණයන් වහන්සේව රැවැට්ටුවා කියල වාසුලදත්තට අත්පුඩියක් ගහලා කිව්වා ආ... සහෝදරයා දැන් වරෙන් ඔය ධාතූන් වහන්සේලා

අරගෙන. දැන් වාසුලදත්ත නා රජතුමා තමන්ගේ නාග වේශය මවාගෙන කරඬුව සොයනවා සොයනවා කරඬුව නෑ.

11. තෙරිඳුන් ගිය පසු රජු හිනැහෙන්නේ
නිදා සිටින නා රජු කැඳවන්නේ
ගිලිනා ලද කරඬුව සොයමින්නේ
එය නැති බව දැන සෝක කරන්නේ

12. හඬමින් මනුලොව වෙත පැමිණෙන්නේ
රහතුන් වැඳ ඉල්ලමින් සිටින්නේ
කරුණා ඇති හිමිවරු වැඩ ඉන්නේ
ධාතු බිඳක් නා රජුට පුදන්නේ

එතකොට ඒ නා රජවරු අඬාගෙන පැමිණුනා මේ මහා විහාර භූමියට. පැමිණිලා කියා සිටියා අනේ ස්වාමීනී, අපි ශ්‍රද්ධාවෙන් වැඳ වැඳ සිටියේ. අපට මේ ධාතූන් වහන්සේලා දෙන්න කියලා. මහරහතන් වහන්සේලා ධාතු බිඳක් නා රජ්ජුරුවන්ට දෙනවා. රජ්ජුරුවො සංතෝස වුණා.

13. සතුටින් ඉල්පෙන නා රජු එනවා
නා පිරිවර සමඟින් පැමිණෙනවා
ධාතු පුදන්නට මල් ද නෙළනවා
මහ සෑ තැනුමට සැම එක්වෙනවා

ඔන්න ද්‍රෝණයක් මුනි ධාතු මහසෑයට ලැබුණා. ශක්‍ර දේවේන්ද්‍රයා මැණික් කරඬුවක් මවා ගෙන ආවා ඒ ධාතූන් වහන්සේලා තැන්පත් කිරීමට.

01. සක් දෙව් රජුන් ගෙන මිණි කරඬුවක් සොඳ
සිත්කළු බමරකඬුපුල් මල් ගෙන සුවඳ

ලස්සන මැණික් පළඟක අතුරා නිබඳ
ගෞතම බුදු සමිඳුගේ ගුණ කියන සඳ

02. සෝණුත්තර රහත් හිමි එහි පහළ වුණි
ද්‍රෝණක් මුනි ධාතු මහ සෑයට ලැබුණි
සෝකය නැතිව නා රජුන් එහි පැමිණුණි
ලෝකය සතුටුවන පිනට කල් එළඹුණි

03. නරනිඳු හිස තබා ගෙන කරඬුව සොඳිනේ
පවසන විටදී සැම දෙන අප මුනි වරුණේ
මුනිසඳු වඩින්නට දෙවිවරු පිරිවැරුණේ
පුද දෙන දේ පෙනුණි දෙවිවරු නොම පෙනුණේ

දුටුගැමුණු රජ්ජුරුවො ඒ ශක්‍ර දේවේන්ද්‍රයා ගෙනත් දීපු මැණික් කරඬුවේ ඒ ධාතූන් වහන්සේලා තැන්පත් කරලා හිස මත තබාගෙන වන්දනා කරද්දී චාමර සළනවා පේනවා. දෙවිවරු පේන්නෙ නෑ. මුතුකුඩ අල්ලාගෙන ඉන්නවා දෙවිවරු පේන්නෙ නෑ. වීණා නාදය ඇහෙනවා. දෙවිවරු පේන්නෙ නෑ. එතකොට රජ්ජුරුවො බොහෝම සංතෝෂයට පත්වුණා.

04. සතුටින් ඉපිළ ගිය අප ගාමිණී නිරිඳා
හෙලමින් තුටු කඳුළු හිස මත ධාතු රඳා
කියමින් බුදු සමිඳුගේ ගුණ සිත පහදා
පුදමින් සිහළ දීපය මෙය කීය එදා

දුටුගැමුණු රජ්ජුරුවන්ට පුදුමාකාර සතුටක් ඇතිවුණා. දුටුගැමුණු රජතුමා සතුටින් ඉල්පා ගිහින් මේ සීහල දීපය, අපගේ මව්බිම ගෞතම බුද්ධ ශාසනයට පූජා කරනවා.

රජ්ජුරුවො කල්පනා කළා දෙවියන්ගේ දිව්‍ය සේසත්, බ්‍රහ්ම සේසත් පූජා කරලා තියෙනවා ධාතූන් වහන්සේලාට.

එහෙනම් ඇයි මම මගේ සේසත මේ ධාතූන් වහන්සේලාට පූජා නොකරන්නේ? එහෙනම් සේසත තමයි මගේ රාජ්‍යත්වය. බුදුරජාණන් වහන්සේට සේසත පූජාකරනවා කියල මෙහෙම කියනවා.

05. සමිඳුන් තිලෝනා ගෞතම මුනිඳු මගේ
කෙලෙසුන් නසා වැඩි සඳ පිරිනිවන් මගේ
ලබමින් දෙව් මිනිස් සේ සත් කරන අගේ
වඳිමින් පුදමි සෑයට ලක් රජය මගේ

මේ ශ්‍රීලංකාද්වීපය ඒ මොහොතේදී දුටුගැමුණු රජතුමා රහතන් වහන්සේලා ඉදිරියේ පූජා කළා.

05. අරහත් සඟ පිරිස පෙරටුව සෑය වට
පැදකුණු කොට නිරිඳු කරඬුව ගෙන යසට
පෙරදිග දිසාවෙන් බසිමින් දාගැබට
තැන්පත් කරන්නට කරඬුව සිතන විට

දැන් බලන්න ඒ රහතන් වහන්සේලා පිරිවරාගෙන දුටුගැමුණු රජතුමා පෙරදිග දිසාවෙන් ධාතු ගර්භයට බසිනවා. බහින කොට දුටුගැමුණු රජතුමාගේ හිස මත තමයි මේ ධාතූන් වහන්සේලා වැඩසිටින්නේ.

01. ඉර්ධි බලෙන් ඒ කරඬුව ඇරුණා
අන්න බලන් ඒ ධාතූන් වඩිනා
සැණෙකින් ලස්සන බුදු රුව මැවුනා
සවනක් සණ බුදු රැස් ද විහිදුනා

ඉර්ධිබලයෙන් ධාතු කරඬුව ඇරුණා. ඒ ධාතූන් වහන්සේලා අහසට පැන නැඟිලා ලස්සන ඒ ශ්‍රී බුද්ධ ශරීරය මැවිලා රැස් විහිදෙන්න පටන් ගත්තා.

02. රහතුන් වැඳගෙන සාදු කියන්නේ
ගැමුණු නිරිඳු සැදැහෙන් ඉපිලෙන්නේ
අහසින් පරසතු මල් වැගිරෙන්නේ
සතුටින් සැමදෙන සාදු කියන්නේ

03. සුළු මොහොතකි ඒ බුදු රුව පෙනුණේ
දෙව් මිනිසුන් හට මඟ ඵල ලැබුණේ
නැවත ධාතු කරඬුවට වඩිමිනේ
ගැමුණු නිරිඳුගේ සිරසෙහි රැඳුණේ

පුංචි මොහොතක වෙලා තියෙන්නෙ. දැන් බලන්න පින්වත්නි, මේකෙ ආශ්චර්යය. ධාතූන් වහන්සේලා තැන්පත් වෙන වෙලාවේදී බුදුරජාණන් වහන්සේගේ ජීවමාන ආකාරයෙන් බුද්ධ ශරීරය මැවුණා. බුදුරැස් විහිදුණා. ඒ වගේම ගෞතම බුද්ධ ශාසනය අතුරුදහන් වෙන වෙලාවටත් මේ ධාතූන් වහන්සේලා අහසට පැන නැඟිලා බුද්ධ ශරීරය මැවිලා මොහොතක් ධර්මය දේශනා කරනවා.

දැන් කරඬුවට ධාතූන් වහන්සේලා වැඩියට පස්සේ ධාතූන් වහන්සේලා රජතුමාව වටකරගත්තා. එතකොට රත්තරනින් ආසනයක් හදලා තිබුණා. ඒ ආසනයේ කරඬුව තැන්පත් කරන්නට සූදානම් කරලා රජතුමා මොකද කළේ, සුවඳ දියෙන් අත්දෙක සෝදාගත්තා. අත්දෙක සෝදාගෙන ධාතූන් වහන්සේලා ස්පර්ශ කරගෙන අධිෂ්ඨාන කළේ.

04. රහතුන් නිරිඳුව වටකොට ගන්නේ
රන් පළඟින් කරඬුව ද තබන්නේ
අඟනන් පූජා පිණිස නටන්නේ
සුවඳ දියෙන් අත් සෝදා ගන්නේ

05. නිරිඳුන් යළි කරඬුව අරිමින්නේ
ධාතු මතට තම දෑත තබන්නේ
සම්බුදු ගුණ කඳ සිහියට ගන්නේ
මේ අයුරින් අදිටනක් කරන්නේ

දැන් බලන්න දුටුගැමුණු රජ්ජුරුවො මොන තරම් දූරදර්ශී නායකයෙක් ද කියලා. දුටුගැමුණු රජ්ජුරුවො මොන තරම් දුර කල්පනා කරනවද කියල බලන්න පින්වත්නි මේ වෙලාවෙ. දුටුගැමුණු රජ්ජුරුවො ඒ වෙලාවෙ ධාතූන් වහන්සේලාට දිව්‍ය සේසත් පූජා කරනවා දැකල මේ අපේ මච්ඡිම බුද්ධ ශාසනයට පූජා කළා. ඊට පස්සේ දුටුගැමුණු රජ්ජුරුවො සුවඳ පැන් වලින් අත්දෙක සෝදා ගෙන ධාතූන් වහන්සේලාට අත තබා අධිෂ්ඨානයක් කළා. මේ බලන්න අධිෂ්ඨාන කරන ආකාරය.

06. දෙව් මිනිසුන්ගේ හිත සුව පිණිසම
- මේ ධාතුන් වැඩ සිටිති ලොවේ
මා පවසන මෙය සැබෑ බසක් ම ය
- ඒ ගැන මට කිසි සැකක් නොවේ
එනිසා මේ රන් පළඟ මතට වැඩ
- අප මුනි ධාතුන් සදන සුවේ
සැතපෙනු මැන පිරිනිවන් වැඩිය ලෙස
- සල් රුක් යට කුසිනාරාවේ

එතකොට දුටුගැමුණු රජ්ජුරුවො අධිෂ්ඨාන කරන්නෙ දෙවියන්ට මිනිසුන්ට හිත සුව පිණිස වැඩසිටින බව ඒකාන්ත සත්‍යයයි. ඒ නිසා මේ ධාතූන් වහන්සේලා බුදුරජාණන් වහන්සේ කුසිනාරාවේ සල් රුක් සෙවණේ පිරිනිවන් වැඩි ආකාරයට වැඩසිටින සේක්වා කියලයි.

07. ලෙව් සත සනසන ඒ මුනි ධාතූන්
- සැතපුණි පිරිනිවනට වැඩි සේ
ගෞතම සසුනේ පෙළහර දකිමින්
- මිහිකත කම්පා විය බොහො සේ
නිම් නැති සතුටින් ගාමිණි නිරිඳුන්
- පිදුවා සිරිලක් බිම සතොසේ
දෙව් මිනිසුන් සැම බුදු ගුණ කියමින්
- සතුටු වුණා හිරු සඳු ලද සේ

දැන් බලන්න ධාතූන් වහන්සේලා පිරිනිවන් ඉරියව්වෙන් සැතැපුන වෙලාවේ මිහිකත කම්පා වුණා. ඒ වෙලාවේ දුටුගැමුණු රජතුමා නැවත වතාවක් තමන්ගේ මේ රාජ්‍යය බුදුරජාණන් වහන්සේට පූජා කරනවා. ඊට පස්සේ දුටුගැමුණු රජතුමා මහරහතන් වහන්සේලාට කියනවා "ස්වාමීනී, දැන් මගේ වැඩේ සම්පූර්ණ කළා. දැන් තියෙන්නේ ඔබවහන්සේලාගේ වැඩේ." දැන් බලමු රහතන් වහන්සේලාගේ වැඩේ කුමක් ද කියලා.

08. ගැමුණු නිරිඳු මෙලෙසින් පින් කරමින්
- මුනි ධාතූන් තැන්පත් කෙරුණේ
අරහත් මුනිවරු වැඳ සිත සතුටින්
- දාගැබ වැසුමට ඉඩ හැරුණේ
ගෞතම සසුනේ සැනසුම ලබමින්
- එහි සිටි රහතුන් පිරිවැරුණේ
ලක්ෂයකට වැඩි ඒ සඟරුවන ද
- මේ අයුරින් අදිටන් කෙරුණේ

දැන් ඔන්න රහතන් වහන්සේලා අධිෂ්ඨාන කීපයක් කරනවා. එකක් තමයි ඒ වෙලාවෙ රහතන් වහන්සේලා පූජා කරන පරසතු, කඩුපුල්, මදාරා මල් මේ සසුන

පවතින තුරු පරනොවී තිබේවා! ඒ වගේම ගෞතම බුද්ධ ශාසනය තුළ මේ උතුම් ශ්‍රී සද්ධර්මය ඇසෙනා තුරු දල්වන ලද පහන් නො නිවී තිබේවා! ඒ වගේම ධාතු ගර්භය සුවඳවත් කරන්නට අතුරන ලද සුවඳ සඳුන් මේ බුදු සසුන පවතින තුරු තෙත් වෙවී සුවඳ හමාවා! මේ ලොව බාහිර කිසිකෙනෙකුට අනතුරක් කරන්නට බැරි විදිහට ඒ ගල් සිදුරු නැතිව එක්වේවා! ඔය අධිෂ්ඨාන හතර රහතන් වහන්සේලා ඉර්ධි බලයෙන් අධිෂ්ඨාන කරලා ධාතු ගර්භයේ කටයුතු සම්පූර්ණ කරන්නෙ.

09. ගෞතම මුනිඳුගෙ සසුන දිලෙන තුරු
- මේ මල් මේ අයුරින්ම තිබේවා !
ඒ සම්බුදු බණ ලොව පවතින තුරු
- දිලෙන පහන් සිළු නොනිවේවා !
බුදු සසුනේ සිසිලස පැතිරෙන තුරු
- සුවඳ මැටි ද මේ තෙත් වේවා !
වසනා ලද ගල් පියන් සැම ද මේ
- සිදුරු නැතිව එක්වී යේවා !

සාදු! සාදු!! සාදු!!!

01. ගෞතම සම්බුදු සසුන රකින්නට
- දෙවියෝ අප හා එක්වෙත්වා
ගෞතම සම්බුදු සසුන රකින්නට
- නා රජවරු මෙහි පැමිණෙත්වා
ගෞතම සම්බුදු සසුන රකින්නට
- සතර වරම් දෙවිවරු එත්වා
ගෞතම සම්බුදු සසුන රකින්නට
- සක් දෙවිඳුන් මෙහි පැමිණෙත්වා

02. කළණ මිතුරු සඟරුවන වෙතින් නිති
- සම්බුදු බණ පද මට ද ඇසේවා
නිවන සදන සිල් ගුණ සපුරන්නට
- ගෞතම මුනිඳුගෙ බණ සිහි වේවා
දුවන සිතට සැනසුම ලැබ දෙන්නට
- සමාධියේ සිසිලස සැලසේවා
පවන විලස පව් බැහැර කරන්නට
- විදර්ශනා නුවණ ද ඇති වේවා

03. අකුසලයට කිසිවිට නොනැමී සිත
- කුසල් වඩන්නට යොමු වේවා
පවිටු මිතුරු හැම ඇසුරෙන් දුරු වී
- කළණමිතුරු මඟ පෑදේවා
නපුරු බසට අවනත නොම වී නිති
- එඩිතර සෘජු සිත පවතීවා
සකල සතට සෙත සුවය සදන්නට
- තුනුරුවනේ සරණම වේවා

04. අකලට පරවෙන මලක් විලස නොව
- ලෙඩ දුක් කරදර දුරුවේවා
වරදට හසු වන කෙනෙක් විලස නොව
- නිසි යහමඟටම යොමුවේවා
මරණෙට බියවන කෙනෙක් විලස නොව
- සුගතියටම සිත සැකසේවා
සසරට යොමු වුණ කෙනෙක් විලස නොව
- නිවනට යන මඟ සුරැකේවා

සාදු! සාදු!! සාදු!!!

මහාමේඝ ප්‍රකාශන

www.ingramcontent.com/pod-product-compliance
Lightning Source LLC
Chambersburg PA
CBHW070541030426
42337CB00016B/2299